DE OLHO EM MÁRIO DE ANDRADE

uma descoberta intelectual e sentimental do Brasil

A marca FSC® é a garantia de que a madeira utilizada na fabricação do papel deste livro provém de florestas que foram gerenciadas de maneira ambientalmente correta, socialmente justa e economicamente viável, além de outras fontes de origem controlada.

ANDRÉ BOTELHO

Professor do Departamento de Sociologia e do Programa de Pós-graduação em Sociologia e Antropologia do IFCS-UFRJ e pesquisador do CNPq e da Faperj

DE OLHO EM MÁRIO DE ANDRADE

uma descoberta intelectual e sentimental do Brasil

Coordenação
Lilia Moritz Schwarcz

claroenigma

Copyright do texto © 2012 by André Botelho

Grafia atualizada segundo o Acordo Ortográfico da Língua Portuguesa de 1990, que entrou em vigor no Brasil em 2009.

Capa e projeto gráfico
Rita da Costa Aguiar

Imagem de capa
Fotografia de Mário de Andrade. Coleção Mário de Andrade. Arquivo fotográfico do Acervo do Instituto de Estudos Brasileiros – USP

Imagem de quarta capa
Retrato de Mário de Andrade por Lasar Segall, pintura a óleo sobre tela, 72 x 60 cm. Coleção de Artes Visuais do Instituto de Estudos Brasileiros – USP. Lasar Segall, 1891 Vilna – 1957 São Paulo

Preparação
Maria Fernanda Alvares

Revisão
Luciana Baraldi
Luciane Helena Gomide
Mariana Zanini

Dados Internacionais de Catalogação na Publicação (CIP)
(Câmara Brasileira do Livro, SP, Brasil)

Botelho, André
 De olho em Mário de Andrade : uma descoberta intelectual e sentimental do Brasil / André Botelho ; coordenação Lilia Moritz Schwarcz. — 1ª ed. — São Paulo : Claro Enigma, 2012.

 ISBN 978-85-8166-014-1

 1. Andrade, Mário de, 1893-1945 2. Andrade, Mário de, 1893-1945 - Crítica e interpretação 3. Poesia brasileira - História e crítica 4. Poetas brasileiros - Biografia I. Schwarcz, Lilia Moritz. II. Título.

12-06747   CDD-928.6991

Índice para catálogo sistemático:
1. Poetas brasileiros : Biografia 928.6991

[2012]
Todos os direitos desta edição reservados à
EDITORA CLARO ENIGMA
Rua São Lázaro, 233
01103-020 — São Paulo — SP
Telefone: (11) 3707-3531
www.companhiadasletras.com.br
www.blogdacompanhia.com.br

*Para João Pedro, Estevão e Ana Luísa —
futuros leitores de Mário de Andrade?*

9 INTRODUÇÃO
Trezentos, trezentos e cinquenta

18 CAPÍTULO I
Dimensões de um intelectual

28 CAPÍTULO II
Multiplicado e dividido

38 CAPÍTULO III
O modernismo como projeto coletivo

52 CAPÍTULO IV
Música, doce e difícil música

65 CAPÍTULO V
Modernismo para todos

77 CAPÍTULO VI
O enigma Brasil

88 CAPÍTULO VII
Sentir e pensar o Brasil

106 *Considerações finais*
114 *Leia mais*
120 *Cronologia de apoio*
133 *Sugestões de atividades*
137 *Agradecimentos*
138 *Créditos das imagens*
141 *Sobre o autor*

Retrato de Mário por Tarsila do Amaral

INTRODUÇÃO
Trezentos, trezentos e cinquenta

O leitor precisa ser advertido logo de saída: não é possível apresentar Mário de Andrade, e sua trajetória intelectual, a partir de narrativas demasiado ordeiras — senão sob pena de extrema simplificação. Talvez por isso, ainda hoje, a ausência de biografias sistemáticas sobre esse que certamente é um dos intelectuais brasileiros mais importantes de todos os tempos seja tão sentida. Não é mesmo simples a tarefa. Afinal, Mário de Andrade foi homem de muitas faces, dimensões e significados, como ele mesmo se definiu, ou se dissimulou, num dos poemas do livro *Remate de males* (1930), "Eu sou trezentos, sou trezentos-e-cinquenta".

Em sua vasta e diversificada obra, Mário de Andrade fala muito de si mesmo, o que não facilita em nada nossa tarefa. Mas o que torna realmente complexa esta empreitada é, sobretudo, o fato de que sua trajetória intelectual se encontra, hoje, inteiramente embaraçada e mesmo confundida com a da moderna cultura brasileira. Se afirmações desse tipo também podem ser feitas para alguns outros artistas e/ou intelectuais brasileiros do século xx, em nenhum outro caso, porém, parece fazer tanto sentido como no de Mário de Andrade. E isso para o bem e para o mal.

Mário Raul de Moraes Andrade nasceu a 9 de outubro de 1893, na casa do avô materno, Joaquim de Almeida Leite Moraes, na rua Aurora, 320, no centro de São Paulo. É o segundo filho do casal Maria Luísa de Almeida Leite Moraes e Carlos Augusto de Andrade; e irmão de Carlos, cinco anos mais velho, de Renato, nascido seis anos depois de Mário e morto aos catorze anos, em 1913, e de Maria de Lourdes, a caçula, nascida em 1901.

De origem humilde, Carlos Augusto de Andrade, o pai de Mário, exerceu várias funções ao longo da vida, como a de tipógrafo, guarda-livros, escriturário, gerente de banco e comerciante, embora também tenha manifestado habilidades letradas, como jornalista e dramaturgo, que o notabilizaram em São Paulo. Criou a *Folha da Tarde*, em 1879, o primeiro jornal vespertino (isto é, publicado à tarde) da cidade de São Paulo, foi jornalista de talento reconhecido, tendo trabalhado em diversos jornais, como *O Constituinte*, de propriedade de Leite Moraes, seu futuro sogro. Ligado ao mundo do teatro, Carlos Augusto foi um dos proprietários do Teatro São Paulo, promovia representações de peças curtas, além de ter sido autor da aplaudida comédia *Palavra antiga*.

Já a família materna de Mário de Andrade, embora sua avó tivesse origem humilde, como a do seu pai, de quem, aliás, era aparentada, pelo lado de Joaquim de Almeida Leite Moraes era tradicional e abastada. Presidente da Província de Goiás, em 1881, Leite Moraes foi importante político liberal, três vezes deputado da Assembleia Provincial, além de professor da renomada Faculdade de Direito de São Paulo, no Largo de São Francisco.

Em 1881, Carlos Augusto acompanhou o futuro sogro, que o havia convidado para ser seu oficial de gabinete, em uma longa viagem para a Província de Goiás e região, para a qual Leite Moraes acabara de ser nomeado presidente pelo Governo Imperial. A viagem feita pelo avô materno e pelo pai através dos rios Vermelho, Araguaia e Tocantins, chegando até o Pará, certamente marcou muito as narrativas familiares e Mário de Andrade. Este não apenas faria, anos mais tarde, seu Macunaíma percorrer caminhos e viver situações semelhantes às relatadas pelo avô no livro que publicou sobre a viagem — *Apontamentos de viagem de São Paulo à capital de Goiás, desta à do Pará, pelos rios Araguaia e Tocantins e do Pará à Corte: Considerações administrativas e políticas* —, como ainda parodiou o título desse livro no relato da viagem que fez à Amazônia em 1927, chamado *O turista aprendiz: viagens pelo Amazonas até o Peru, pelo Madeira até a Bolívia por Marajó até dizer chega*!

Depois da morte do avô materno, quando Mário tinha apenas dois anos de idade, a família Andrade passou a ter uma vida relativamente simples, mas confortável. Apesar de ser católica e conservadora do ponto de vista ético, fazia parte de uma classe média de orientação política liberal altamente instruída e, por isso, muito pouco convencional no universo provinciano da cidade de São Paulo de então.

Mário de Andrade não herdou nem construiu patrimônio material relevante: a única propriedade que comprou foi o sítio Santo Antônio, em São Roque, em 1944, legado, por seu valor histórico e artístico, ao Serviço do Patrimônio Histórico e Artístico Nacional (SPHAN), que ajudara a criar. Mário de Andrade também não obteve títulos universitários, prestigiosos e muito importantes na época, como o de direito, por exemplo, que habilitava os jovens bem-nascidos a assumirem não apenas a magistratura mas também os postos parlamentares e os altos postos do serviço público, como foi o caso de seu irmão mais velho, Carlos. Mário acabou por diplomar-se pelo Conservatório Dramático e Musical de São Paulo, onde deu aulas a vida inteira.

Mário de Andrade não pôde, portanto, contar com os privilégios que muitos dos jovens com quem estudou e conviveu ao longo da vida contavam. Estes, herdeiros de famílias importantes, mesmo quando decadentes economicamente, podiam continuar se valendo das redes de amizade nos círculos oligárquicos, às quais sempre se podia recorrer para recomendações e colocações de prestígio na política e na burocracia do Estado. Esse foi, em grande medida, o caso de seus companheiros de geração originários da elite paulista, como o escritor Oswald de Andrade.

Retrato de Oswald por Tarsila do Amaral: companheiros nos anos iniciais do movimento modernista, os dois Andrades logo se distanciam e, em verdade, acabam por formular projetos modernistas distintos

Por outro lado, Mário de Andrade parece ter investido, com incansável trabalho autodidata, em vários domínios do conhecimento — poesia, literatura, belas-artes, música, folclore, etnografia e história —, tornando-se um homem de muitos "instrumentos". Assim, ainda jovem, conseguiu se impor como um dos líderes do modernismo e de sua geração intelectual. Certamente, ao lado de traços biográficos, outros fatores concorreram para tornar possível esse verdadeiro "prodígio criativo": as peculiaridades de sua formação, o acanhado mercado intelectual da época e seus sucessivos envolvimentos políticos.

Mário de Andrade nasceu e viveu na cidade de São Paulo, sempre em companhia da mãe e da tia materna e madrinha, Ana Francisca de Almeida Leite Moraes, com exceção do curto período que passou no Rio de Janeiro, então Capital Federal, entre 1938 e 41. Em São Paulo, morou a maior parte da vida na rua Lopes Chaves, no bairro da Barra Funda, onde reuniu notáveis bibliotecas, acervo de documentos e coleções de artes plásticas eruditas e populares. Lá ele escrevia cotidianamente aos amigos, e também se reunia com alguns deles, além de alunos e discípulos. Nessa mesma casa, a 25 de fevereiro de 1945, aos 52 anos de idade, morreu de infarto do miocárdio, solteiro, como foi durante toda a sua curta mas rica vida. Seu corpo está enterrado no Cemitério da Consolação, em São Paulo. Seu legado intelectual, escrito e não escrito, está vivo e à espera de novos leitores e intérpretes, corajosos o suficiente para aprender a sentir e a pensar o Brasil, a causa pela qual Mário de Andrade viveu tão intensamente.

Sentir e pensar o Brasil. Nem sempre essas duas ideias andaram, ou andam, juntas. Mas foi tema da correspondência entre Mário de Andrade e, por exemplo, Carlos Drummond de Andrade no início da amizade que ligaria os dois. Em carta datada de 22 de novembro de 1924, o poeta mineiro desabafava para aquele que já reconhecia como o líder intelectual do modernismo:

> Não sou ainda suficientemente brasileiro. Mas às vezes me pergunto se vale a pena sê-lo. [...] O Brasil não tem atmosfera

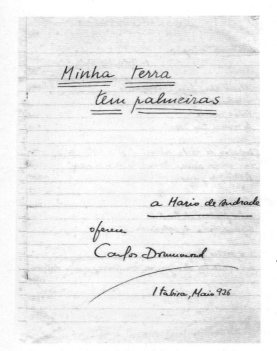

Primeira página de um caderno de Carlos Drummond de Andrade, com dedicatória a Mário

mental; não tem literatura; não tem arte; tem apenas uns políticos muito vagabundos e razoavelmente imbecis e velhacos.

E recorria, na sequência, às afirmações do escritor, político e diplomata Joaquim Nabuco, feitas no capítulo 3 de suas memórias, intituladas *Minha formação* e publicadas em 1900, de que "o sentimento em nós é brasileiro, mas a imaginação europeia", e o "Novo Mundo, para tudo o que é imaginação estética ou histórica, é uma verdadeira solidão". Irônico, como quase sempre, Mário não hesitou em observar ao jovem poeta na resposta a sua carta:

> Você fala na "tragédia de Nabuco, que todos sofremos". Engraçado! Eu há dias escrevia numa carta justamente isso, só que de maneira mais engraçada de quem não sofre com isso. Dizia mais ou menos: "o doutor [Carlos] Chagas descobriu que grassava no país uma doença [transmitida pelos barbeiros] que foi chamada moléstia de Chagas. Eu descobri outra doença, mais grave, de que todos estamos infecciona-

dos: a moléstia de Nabuco". É preciso começar esse trabalho de abrasileiramento do Brasil...

E foi a esse trabalho de abrasileiramento do Brasil que Mário de Andrade dedicou toda a sua vida, compartilhando-o com outros modernistas dos anos 1920, mas voltado, sobretudo, para os jovens com quem conviveu, como confessou em carta à pintora Tarsila do Amaral, que tanto lhe ensinara sobre o tema também. Mário de Andrade e sua obra nos mostram que o Brasil não é apenas o lugar do sentimento, mas também o da imaginação — do pensamento e da criação artística —, que juntos podem nos proporcionar, inclusive, uma visão mais integrada de nosso lugar no mundo. Daí a importância e a atualidade de Mário de Andrade num contexto como o nosso, em que a chamada "globalização" muitas vezes pode ser utilizada como justificativa para um aprofundamento da ignorância que nós brasileiros ainda temos do Brasil. E, mais ainda, do agravamento da "moléstia de Nabuco", que insiste em separar sentimento e imaginação intelectual entre os brasileiros.

Mas é preciso advertir: abrasileirar-se, do ponto de vista de Mário de Andrade, não significa tornar-se xenófobo, isto é, ter aversão a valores, práticas e povos estrangeiros. É antes adquirir uma maneira própria, mas democrática, sem intolerância e preconceito, de se relacionar com a história, as culturas e as pessoas do mundo. Na sequência a sua resposta a Drummond na referida carta, Mário sugeria:

> De que maneira nós podemos concorrer pra grandeza da humanidade? É sendo franceses ou alemães [e nós poderíamos

acrescentar hoje, sendo norte-americanos?]. Não porque isso já está na civilização. O nosso contingente tem de ser brasileiro. O dia em que nós formos inteiramente brasileiros e só brasileiros a humanidade estará rica de mais uma raça, rica duma nova combinação de qualidades humanas.

Descontando alguns aspectos que dizem respeito ao contexto da época, como o uso da noção de "raça", não creio que o fundamental do raciocínio de Mário de Andrade tenha envelhecido durante as décadas que nos separam de sua afirmação. Ao nos aproximar dela, indo além de certos aspectos da condição colonial de origem do Brasil, quase sempre reiterados em nosso desenvolvimento histórico, ainda que em novas bases, temos sua concepção plural de civilização, na qual há lugar para as diferenças e para a convivência democrática entre diferenças. Civilizações e não apenas uma única civilização. A lição não é pequena se lembrarmos dos velhos e dos novos processos de homogeneização e padronização dos comportamentos, que oprimiram e oprimem grupos e costumes.

A obra de Mário de Andrade ainda tem muito a dizer sobre nosso país e sobre tantas outras coisas. Com seu caráter plural e polifônico, ela procura nos mostrar como, acima de qualquer coisa, nem tudo deve se fechar em um sentido único. E é a sua leitura que permitirá evitar o trágico destino em geral reservado aos "heróis" brasileiros, a exemplo daquele da própria rapsódia escrita por Mário, *Macunaíma*, que, após a sua jornada, acabou indo para o céu viver "o brilho inútil das estrelas".

Macunaíma desce por esse mundo afora, desenho de Cícero Dias do "herói sem nenhum caráter" criado por Mário

CAPÍTULO I
Dimensões de um intelectual

Trezentos, trezentos e cinquenta. A reflexão de Mário Andrade sobre o Brasil e também sua atuação como artista e intelectual realizaram-se em numerosas frentes e por meio dos mais diferentes gêneros narrativos. Como poeta, estreou com *Há uma gota de sangue em cada poema*, publicado em 1917 sob o pseudônimo de Mário Sobral. Seus poemas de estreia são marcados por versos harmônicos, próximos das estéticas parnasiana e simbolista, que antecederam o modernismo, embora já se aproximassem deste na tentativa de compreender sua época, especialmente marcada pela tragédia da Primeira Guerra Mundial, e não pelo lirismo amoroso então convencional nas estreias poéticas. Mas foi *Pauliceia desvairada* (1922), seu primeiro livro modernista, que acabou por difundir os princípios estéticos das vanguardas europeias por aqui e que sistematizou no Brasil o uso do verso livre — aquele que não tem rima nem regularidade métrica. O verso livre se tornou então o principal instrumento não apenas da reação modernista à moda parnasiana — com sua versificação formal rígida e seu temático culto previamente definido, afastado do cotidiano e das coisas simples da vida —, como também de divulgação do conhecimento que Mário adquire em suas pesquisas sobre o Brasil. Processos amadurecidos em *Losango cáqui* (1926), em que o experimentalismo modernista atinge o auge; em *Clã*

Capa de *Losango cáqui*, de 1926

do jabuti (1927), no qual a meditação sobre o Brasil explora as tensões entre litoral europeizado e sertão rústico e as associações entre manifestações de cultura popular e a prática literária erudita; e em *Remate de males* (1930), onde o afastamento dos embates modernistas mais imediatos permitiu à poesia de Mário ficar mais subjetiva.

Como romancista, além dos livros que deixou inacabados, Mário de Andrade publicou *Amar, verbo intransitivo* (1927) e *Macunaíma* (1928), este considerado uma das principais obras da literatura brasileira de todos os tempos.

Amar, verbo intransitivo é um romance inovador tanto do ponto de vista formal, das técnicas de narração empregadas, quanto do ponto de vista da concepção do enredo. Aliás, forma e conteúdo não se separam no romance. A abastada família burguesa paulista retratada ali é bem brasileira e patriarcal: no centro de todas as relações está o pai, a cujas vontades e decisões todos devem se submeter e se adaptar. O industrial e fazendeiro Souza Costa contrata Elza, uma professora alemã, com o objetivo aparente de ensinar alemão a seus filhos. No entanto, ele espera que a professora seduza e inicie sexualmente seu filho mais velho, o adolescente Carlos. Se o objetivo do pai é livrar o filho do contato com prostitutas, Elza, por sua vez, aceita a incumbência porque entende que as pessoas devem ser educadas e treinadas para o amor como para qualquer outra atividade.

O livro tem uma estrutura incomum, já que não possui capítulos, apenas espaços em branco que separam passagens. Sua linguagem se afasta do português culto ao adotar o padrão coloquial brasileiro; o mesmo ocorre com as convenções de pontuação, que se aproximam das formas orais — uma das principais estratégias de Mário de Andrade para "abrasileirar" o português escrito. A postura do narrador também é inovadora, irônica e, por isso, modernista. Mesmo não sendo personagem, ele se intromete a todo momento, buscando a cumplicidade do leitor e colocando em dúvida a sinceridade das personagens e as motivações de suas atitudes. E mais: não apenas o título contraria a convenção gramatical em que "amar" é verbo transitivo direto, e não intransitivo, como também o contraste entre a banalidade do enredo — embora deva ter sido motivo de certo escândalo em sua época! — e os questionamentos psicológicos e sociológicos que somos levados a levantar está no centro de uma sofisticada construção narrativa de *Amar, verbo intransi-*

tivo, e faz pensar nos romances de Machado de Assis. Afinal, da trama sobre a educação sexual de Carlos emerge tanto a hipocrisia social burguesa e os traços autoritários da organização patriarcal como as contradições da mulher nesse tipo de sociedade.

Macunaíma, o herói sem nenhum caráter (rapsódia) foi escrito em apenas seis dias de trabalho ininterrupto, durante umas férias de fim de ano na chácara do parente e amigo Pio Lourenço Corrêa em Araraquara, em dezembro de 1926, depois corrigido e ampliado em janeiro de 1927. O livro é dedicado a Paulo Prado, cafeicultor abastado, um dos principais mecenas e apoiadores da Semana de Arte Moderna de 1922, além de ensaísta modernista, que havia publicado seu *Retrato do Brasil* também em 1928. Ao amigo Carlos Drummond de Andrade, Mário confidencia em carta de janeiro de 1927 a redação adiantada de um "romance engraçado" e lhe apresenta "o senhor Macunaíma, índio legítimo que me filiou aos indianistas da nossa literatura e anda fazendo o diabo por esses Brasis à procura da muiraquitã perdida". Além de Macunaíma, os heróis "são os manos dele Maanape já velhinho e Guiguê na força do homem. E o gatuno da muiraquitã é o regatão peruano Venceslau Pietro Pietra que é o gigante Piaimã, comedor de gente". O livro se desenvolve em torno da perda e do resgate da muiraquitã, o amuleto dado a Macunaíma pela amante Ci, antes de ela subir para o céu. A pedra mágica é perdida logo depois, e daí até o fim do capítulo XIV a ação do romance se define pela busca atribulada do amuleto, que afinal é recuperado na disputa com o gigante Piaimã para escapar de novo e definitivamente das mãos do protagonista durante a luta com

Capa do livro *Macunaíma*, publicado em 1928

a Uiara no episódio final do livro.

A narrativa da aventura desse herói brasileiro ainda sem caráter definido, ou sem identidade, como sua gente, é construída sem intenção "mimética", isto é, sem intenção de representar ou imitar o mundo objetivo, aquele do lado de fora do livro ou da ficção; mas antes como uma "alegoria" que surpreenda o leitor, causando questionamentos e inquietações.

A narrativa de *Macunaíma* é composta a partir da combinação de uma infinidade de materiais os mais diversos: relatos de viajantes (como o do avô Leite Moraes) e de cronistas coloniais, textos etnográficos, lendas indígenas, cerimônias africanas, canções ibéricas, episódios históricos e da vida familiar etc. Trata-se, na verdade, de um processo de "bricolagem", isto é, da união de vários elementos de diferentes origens para a formação de um novo, e não uma mera superposição desses elementos. Assim é feita a narrativa de *Macunaíma*:

pela união de elementos históricos, etnográficos e ficcionais das tradições escrita e oral, erudita e popular, brasileiras, europeias, indígenas e africanas. Como o próprio Mário de Andrade explica na mesma carta a Drummond: "Não tem senão dois capítulos meus no livro, o resto são lendas aproveitadas com deformação ou sem ela. Está me parece que um gosto e já escrito inteirinho o romance, e em segunda redação".

O caráter mais do que híbrido do livro, radicalmente inovador, que mistura pesquisa sobre a criação popular e recursos estéticos literários e musicais, alimenta o contexto fantasioso da aventura do herói brasileiro. O domínio da ambiguidade, presente na concepção do cenário e das personagens e na própria caracterização do herói, permite que Mário de Andrade busque nossa identidade nacional e, ao mesmo tempo, problematize crítica e ironicamente essa intenção, que sem dúvida era coletiva e de várias épocas.

As misturas de todos os tipos de que se compõe *Macunaíma* são fundamentais ainda para a composição do protagonista, que, como a sociedade brasileira, encontrava-se impregnado pelas ambiguidades e pelo dilacerado entre ordens sociais e valores contrastantes, entre o tradicional e o moderno, o rural e o urbano, o Brasil e a Europa. Macunaíma traduz um pouco da descrição que Mário de Andrade achou para si próprio: "um tupi tangendo um alaúde".

Mas a obra de Mário de Andrade inclui ainda, entre outros gêneros, a crônica e a crítica das artes eruditas e populares, como as artes plásticas, a literatura e a música. A crítica não só fazia parte como era importantíssima dentro do projeto modernista, e daí os muitos balanços da poesia, da literatura e das artes plásticas produzidos no Brasil até as décadas de 1920-30. Balanços que, à primeira vista, pareciam querer apenas verificar se tais produções já expressariam àquela altura a constituição de uma poesia, de uma literatura ou de uma pintura efetivamente "brasileiras", ou seja, constituídas como expressões de uma "nacionalidade" própria. Mas, olhando com mais cuidado esses balanços, percebe-se que de suas conclusões, que em geral apontavam para uma resposta negativa à questão, derivavam a justificativa de empenho na construção ativa de uma "cultura brasileira" — embora a definição do que venha a ser "cultura brasileira" seja sempre controversa e objeto de disputas entre os intelectuais.

Em suma, trata-se de, bem ao espírito modernista, fazer um balanço da autonomia da literatura e das artes brasileiras, entendida como condição de expressão da nacionalidade, em relação às escolas e às formas estéticas importadas da Europa para o Brasil. São textos que, nesse sentido, podem ser inseridos na longa tradição de "levantamento da realidade" pela arte, que, como observou a crítica Gilda de Mello e Souza, marca profundamente tanto a produção ensaística quanto a produção artística no Brasil, e que adquire sentido quase missionário na década de 1920 com a confluência entre "vanguarda" e "nacionalismo" — ainda que com efeitos críticos e estéticos muito diversificados entre os diferentes autores ou movimentos culturais do período.

Durante toda a vida, Mário de Andrade foi também um homem de imprensa, veiculando suas ideias em artigos de revistas e jornais — alguns deles reunidos em livros, ainda em vida ou postumamente. Exemplos de sua grande e difusa produção na imprensa são as crônicas publicadas entre 1927 e 32 (incluída a coluna "Táxi") no *Diário Nacional*, jornal do Partido Democrático a que Mário esteve ligado; a coluna semanal "O mundo musical", publicada entre 1943 e 45 no jornal *Folha da Manhã*, também de São Paulo; e a seção "Vida Literária", no *Diário de Notícias* do Rio de Janeiro, entre 1939 e 40, em que escrevia sobre livros publicados no período, e da qual selecionou artigos para o livro *O empalhador de passarinho* (1946). Participou ainda das revistas modernistas *Klaxon* e *Terra Roxa e outras Terras*, de São Paulo; *Estética*, do Rio de Janeiro; *A Revista* e *Verde*, ambas do modernismo mineiro; entre outras.

Capa da *Klaxon*, a primeira revista modernista que circulou em São Paulo em 1922 e 1923. Seu nome é derivado do termo então usado para designar a buzina dos automóveis

Naquele tempo, a atividade jornalística não só representava um meio de subsistência para os escritores, ainda que relativamente precário, como também era parte fundamental de qualquer estratégia de ascensão intelectual, uma vez que os periódicos constituíam a base da circulação de ideias. Isso se explica, de um lado, porque havia então pouca especialização profissional disponível e uma frágil separação entre vida cultural e vida política no Brasil; e, de outro, pela própria expansão da atividade jornalística, em parte em função dos melhoramentos do suporte técnico e dos métodos de reprodução então empregados. E Mário de Andrade soube utilizar-se da imprensa muito bem, ao longo da vida, ainda que escrever cotidianamente para jornais e revistas possa ter roubado muito de seu tempo e saúde.

Uma parte extremamente importante da obra e da trajetória intelectual de Mário de Andrade é dedicada à música, à qual voltaremos adiante, no capítulo IV. Aqui observo que, pioneiro na defesa de uma estética nacional-modernista no campo da música, Mário de Andrade tornou-se um dos principais artífices de uma tradição musicológica modernista brasileira, que teve e tem ainda hoje desdobramentos importantes no desenvolvimento da música erudita e da popular em nosso país. *Ensaio sobre a música brasileira* (1928) e *Pequena história da música* (1929) são livros centrais nesse sentido. Uma das mais importantes contribuições de Mário de Andrade nessa área de estudos foi associar história da música e musicologia à etnomusicologia, entendida como o estudo tanto da música em seu contexto cultural quanto da música como cultura. Ao longo da vida, Mário de Andrade também se dedicou sistematicamente a recolher documentos musicais sobretudo populares: música de feitiçaria, cantos de trabalho, cocos, danças dramáticas e outras manifestações dos quatro cantos do Brasil. Como as manifestações musicais populares do Nordeste recolhidas durante a viagem que fez entre dezembro de 1928 e março de 1929, que chamou de "viagem etnográfica" e da qual trata nas crônicas intituladas "O turista aprendiz", enviadas ao *Diário Nacional* e publicadas depois de sua morte, em 1977, sob o mesmo título, junto ao diário da viagem à Amazônia que havia feito um ano antes.

A importância que Mário de Andrade conferiu ao folclore e à etnografia, e não apenas ao trabalho de musicologia, levou-o a criar em 1936 a Sociedade de Etnografia e Folclore, com Dina Lévi-Strauss (esposa do famoso antropólogo Claude Lévi-Strauss e ela própria etnógrafa de mão-cheia), tornando-se seu primeiro presidente.

CAPÍTULO II
Multiplicado e dividido

Mário em sua casa, em 1935

Trezentos, trezentos e cinquenta. De poeta, romancista, contista e cronista, Mário de Andrade multiplicou-se ainda em fotógrafo, colecionador de arte popular e erudita; e, leitor inveterado, acabou por reunir uma notável biblioteca de cerca de 17 mil volumes. A obra de Mário de Andrade não foi, assim, apenas obra escrita. Seu legado para a cultura e para a sociedade brasileiras envolve outras modalidades de atuação. Como fotógrafo foi autodidata, mas não amador, uma vez que ultrapassou o mero registro pessoal, ou seu sentido, dedicando-se a estudar e a explorar a fotografia como linguagem artística. Com sua Kodak, brasileiramente rebatizada de "Codaque", Mário inventa o verbo "fotar" e busca as possibilidades da nova arte, explorando enquadramentos e composições numa experiência propriamente artística que vai de 1923 a 31.

O polivalente Mário de Andrade tornou-se ainda colecionador de arte erudita e popular. Um prodígio se lembrarmos que ele viveu de seu próprio trabalho, com salários e rendimentos relativamente modestos, obtidos, sobretudo, em aulas particulares de piano, salário do Conservatório Dramático e Musical de São Paulo e artigos para a imprensa, e, com menos frequência, como administrador e consultor de políticas públicas na área cultural, como veremos adiante. Mais do que um prodígio, a coleção de Mário de Andrade era quase um milagre, uma vez que ele não foi apenas um consumidor compulsivo de livros, os de luxo inclusive, e outros bens muito caros numa época de mercado cultural bastante acanhado, como ainda teve que financiar diretamente a maioria das edições de seus livros.

Sua coleção foi iniciada precocemente por volta de 1917, "e, com que sacrifícios nem sei", como Mário confidenciou, em carta de 1940, à sua aluna e discípula Oneida Alvarenga, "pois vivia de mesada miserável, comprava o meu primeiro quadro!". A coleção de Mário de Andrade está hoje no Instituto de Estudos Brasileiros da Universidade de São Paulo (IEB-USP), e em 1995 foi declarada, junto com sua biblioteca e arquivo, patrimônio nacional pelo Instituto do Patrimônio Histórico e Artístico Nacional (IPHAN). Compreende quatro grandes grupos: artes plásticas (pintura, desenhos e gravuras de artistas brasileiros e alguns estrangeiros, principalmente do século XX); imagens religiosas, eruditas e populares, feitas entre os séculos XVII e XX; objetos folclóricos e populares; e, por fim, objetos relacionados com a revolução de 1932. E como todo colecionador parece ter um pouco de Narciso (personagem da mitologia greco-romana que passava horas admirando seu próprio reflexo no lago), pois na coleção de artes plásticas encontram-se al-

A coleção de Mário inclui exemplares de imagens religiosas diversas, como este Exu Sete Caminhos

Cabeça masculina, ex-voto: o pioneirismo de Mário se mostra também na atenção que a arte popular tem em sua coleção

guns de seus retratos pintados por contemporâneos e amigos, como Tarsila do Amaral, Anita Malfatti, Lasar Segall, Flávio de Carvalho, Hugo Adami e Zina Aita.

A coleção de artes plásticas de Mário de Andrade, ao privilegiar a arte moderna e de vanguarda, constitui provavelmente um dos acervos mais inovadores do ponto de vista estético da época. Na verdade, o próprio hábito de formar um acervo de objetos folclóricos e populares, recolhidos diretamente em viagens pelo Brasil, ou também através de amigos e conhecidos, é um gesto bastante original para a época. É certo que os modernistas brasileiros, sobretudo nos primeiros anos, souberam explorar as afinidades que viam entre o "primitivo", tão valorizado pelas vanguardas artísticas europeias, e o "popular" no Brasil. Mas o que torna o acervo de Mário de Andrade particularmente inovador é o fato de que, entre nós, desde pelo menos o jurista e historiador da Escola de Recife Sílvio Romero, que incluiu o folclore em sua *História da literatura brasileira* (1888), o interesse por esse tipo de manifestação artística voltava-se quase exclusivamente para os costumes, as lendas, as poesias e os contos, e muito pouco para os artefatos e a cultura material populares. Mário de Andrade manteve os dois interesses paralelamente, dedicando-se talvez de forma mais sistemática a coletar documentos escritos e relatos orais relativos, sobretudo, à música popular.

Sua coleção de esculturas religiosas também é muito interessante para pensar Mário de Andrade, sua complexa personalidade, suas ambiguidades e as de seu contexto. De um lado, há as imagens católicas, cujo interesse é anterior ao modernismo, remontando, na verdade, a um gosto que lhe chegava como herança familiar — como nas famílias católicas de então, a família de Mário mantinha no oratório doméstico as imagens dos santos de sua devoção. De outro, o que torna ainda mais difícil saber onde termina o católico praticante e começa o estudioso de artes plásticas, sua coleção reúne objetos de imaginária popular, como cabeças de ex-votos ou esculturas de figas, mas também de imaginária religiosa africana, como as belas figuras de Xangô. E, talvez, mais interessante ainda para pensar o peso da estética em sua coleção, a *Cabeça de Cristo* do artista plástico italiano radicado no Brasil Victor Brecheret (1894-1955), escultura que parecia adquirir sentido transgressor dada a cultura religiosa católica do seu ambiente doméstico. Vejamos o delicioso relato de Mário a esse respeito:

> Foi quando Brecheret me concedeu passar em bronze um gesso dele que eu gostava, uma *Cabeça de Cristo*, mas com que roupa! Eu devia os olhos da cara! [...] E seiscentos mil réis era dinheiro então. Não hesitei: fiz mais conchavos financeiros com o mano, e afinal pude desembrulhar em casa a minha *Cabeça de Cristo*, sensualissimamente feliz. Isso a notícia correu num átimo, e a parentada que morava pegado invadiu a casa pra ver. E pra brigar. Berravam, berravam. Aquilo era até pecado mortal!, estrilava a senhora minha tia velha, matriarca da família. Onde se viu Cristo de trancinha! era feio! medonho! Maria Luísa, vosso filho é um "perdido" mesmo. Fiquei alucinado, palavra de honra. Minha vontade era bater. [...] Depois subi para o meu quarto, era noitinha [...] Não sei o que me deu. Fui até a escrivaninha, abri um caderno, escrevi o título em que jamais pensara. *Pauliceia desvairada*.

Mário de Andrade teve, a propósito, uma sólida formação católica, e foi católico praticante inclusive no início da vida adulta. Seus estudos formais foram feitos em colégio religioso, no Ginásio Nossa Senhora do Carmo dos irmãos maristas, congregação de origem francesa destinada à educação da juventude católica, entre 1905 e 9. Em 1910, cursou o primeiro ano da Faculdade de Filosofia e Letras de São Paulo (vinculada à Universidade de Louvain), no Mosteiro de São Bento, onde seu irmão Carlos formou-se em filosofia após o bacharelado em direito. A formação católica é uma experiência tão forte para Mário que, em 1909, ele chegou a entrar para a Congregação Mariana, associação pública de leigos católicos que procuram seguir o cristianismo através de uma vida consagrada à Virgem Maria para uma transformação cristã da sociedade. Como congregado mariano pediu autorização à Cúria Metropolitana, pelo menos duas vezes (uma em 1916 e outra em 1920), para ler obras constantes do *Index*, a lista dos livros proibidos pela Igreja Católica. Em 1918, Mário pediu para ser admitido como noviço da Venerável Ordem Terceira de Nossa Senhora do Carmo, fazendo sua profissão de fé como irmão leigo dessa ordem no ano seguinte. Confessou sua fé a Alceu Amoroso Lima, líder intelectual leigo da Igreja Católica no Brasil da época, em carta de 1930, ainda que sem os nítidos contornos institucionais de antes, e isso sugere que, para Mário, eram mais importantes os ensinamentos sociais de Jesus Cristo do que a prática católica em si mesma:

> Eu acredito certamente em Deus, sei que isso é incontestável dentro de mim. Uma crença primária, ingênua, bruta, inviolável, permanente, não carecendo de provas intelectuais, sinto Deus. Sem misticismo nenhum: sinto Deus. De maneira que tão entregue como vivo às volúpias de viver, quero ter meus quinze dias de colóquio bem consciente com a morte, pra que na contemplação prematura da Divindade possa, como o coitado do Macunaíma já incapaz de gozo e misticismo, viver um bocado do brilho inútil das estrelas.

É também difícil dissociar do então católico praticante o interesse que Mário de Andrade desenvolveu desde cedo pelo barroco mineiro e, em especial, pelas esculturas sacras

Cristo na coluna, outra peça da coleção do escritor

de Aleijadinho. Fé, sensibilidade estética e curiosidade histórica são indissociáveis nesses anos de formação do jovem Mário. Foi em sua primeira viagem a Minas Gerais, em 1919, realizada com o intuito de participar de uma conferência na Congregação da Imaculada Conceição da Igreja de Santa Efigênia, que ele descobriu o barroco e a obra de Aleijadinho, o que lhe permitiu escrever, ao longo de anos, o ensaio "O Aleijadinho", publicado somente em 1935; e também o artigo "A arte religiosa no Brasil: em Minas Gerais", publicado na *Revista do Brasil* em 1920, e que dava continuidade a dois artigos publicados na mesma revista em números anteriores do mesmo ano, "A arte religiosa no Brasil: triumpho eucharístico de 1733" e "A arte religiosa no Rio".

Não deve ter sido nada fácil para Mário de Andrade conviver com faces tão contrastantes: era o moço católico de família de formação moral e hábitos rigorosamente conservadores e, ao mesmo tempo, o modernista que se abria impetuosamente aos novos tempos, valores, linguagens, costumes, uma vez que vivia numa cidade que, como ele, começava rapidamente a se modernizar e a se desprovincianizar. Mário viveu encontros e desencontros plenos de tensões que talvez jamais tenham se resolvido de todo, e que parecem ter assumido sentido ainda mais dramático nos anos iniciais do modernismo, quando a reação ao passado da sociedade brasileira e à sua cultura oficial implicava uma contestação barulhenta, sem cerimônias, irreverente, debochada. O modernismo conclamava artistas e intelectuais a se libertarem da arte acadêmica e das regras estéticas preestabelecidas e consagradas pelo passado. E essa liberdade parecia ser quase condição para que os jovens modernistas pudessem cumprir a missão social a que se sentiam destinados, pelo momento que viviam de grandes transformações em todos os quadrantes da vida social brasileira e internacional.

Desenho da Igreja do Carmo, em São João del-Rei, feito por Mário em 1924, durante viagem na qual ele descobriu o barroco mineiro, tema que estudaria ao longo de sua vida

Momentos que Mário viveu intensamente ao lado de Oswald de Andrade, Tarsila do Amaral, Menotti del Picchia,

Anita Malfatti e outros, e de que as vaias do público da Semana de Arte Moderna de 1922 permanecem como emblema do quão inusitada parecia a proposta dos jovens modernistas para a sociedade conservadora e provinciana de então. Declamado pelo poeta, crítico literário e diplomata Ronald de Carvalho, o poema "Sapos", de Manuel Bandeira, quase não foi ouvido "sob os apupos, os assobios, a gritaria de 'foi não foi' da maioria do público, adversa ao movimento", como observaria anos mais tarde o próprio Bandeira. Foi na casa de Ronald de Carvalho, no Rio de Janeiro, em 1921, que Mário conheceu esse grande poeta, um de seus maiores amigos, com quem manteve longa e interessantíssima correspondência. Foi em homenagem a ele, aliás, que Mário batizou sua máquina de escrever, uma Remington comprada em 1924, de "Manuela".

Retrato de Mário de Andrade por Lasar Segall

CAPÍTULO III
O modernismo como projeto coletivo

Mário de Andrade no grupo modernista paulista, em 1922

"Trezentos, trezentos-e-cinquenta." Essa autodefinição, ou dissimulação, de Mário de Andrade não diz respeito apenas à sua divisão, ou multiplicação, em vários, mas também à sua vontade e habilidade para se multiplicar tanto em seus projetos como no de outros artistas. Seu reconhecimento de que o enorme desafio que assumira, de renovação da cultura brasileira, não constituía tarefa de um único protagonista, não teria um único artífice nem se esgotaria num único grupo ou momento específico da história brasileira. Mas antes, para produzir as mudanças almejadas na sociedade, o movimento modernista, como movimento cultural, seria obra coletiva que envolveria e deveria entrelaçar esferas diferentes da cultura e também diferentes gerações. Em certo sentido, é esse o diagnóstico das conquistas e dos limites do modernismo, no balanço bastante crítico que Mário fez na conferência "O movimento modernista", proferida em 1942, no Palácio Itamaraty, no Rio de Janeiro, a convite da Casa do Estudante do Brasil.

Uma das faces mais interessantes da atuação de Mário de Andrade deu-se por meio da correspondência que manteve com seus contemporâneos. Por seu volume, regularidade, interlocutores e significado na cultura brasileira, a epistolografia de Mário de Andrade constitui, como chamou a atenção o crítico literário Antonio Candido, talvez o maior monumento do gênero no Brasil. Correspondente obstinado, como ele próprio se reconhecia, Mário de fato escreveu muito e a muitos, dialogando com escritores, artistas plásticos, músicos e personalidades públicas, seus companheiros de gerações modernistas ou jovens iniciantes. Talvez a lembrança amarga da resposta que nunca chegou de Vicente de Carvalho, o poeta a quem, em 1914, Mário havia pedido a opinião sobre alguns sonetos seus enviados por meio de carta registrada, também tenha contribuído para a disposição e a disciplina que sempre manteve em atender a todos que lhe escrevessem. Mas o que não pode se perder de vista, fundamentalmente, é o reconhecimento, como dissemos antes, da parte de Mário de Andrade, de que a renovação cultural pela qual lutava envolvia o trabalho coletivo e a intensa interlocução inclusive entre gerações diferentes.

Assim, o sentido pedagógico que a prática epistolar de Mário de Andrade também assumiu transparece sobretudo na correspondência com seus jovens interlocutores, convocados com grande sedução, a um talvez nem sempre fácil desenvolvimento intelectual e humano permanentes. Sedução exercida em parte pela sua posição como líder nacional modernista, mas também pela sua disposição de compartilhar seus vastos conhecimentos e de dialogar. Sentimentos que também foram compartilhados pelos correspondentes de sua própria geração. Entre os primeiros se incluem Fernando Sabino, Otto Lara Resende, Murilo Rubião, Alphonsus de Guimaraens Filho, Oneida Alvarenga, entre outros. Entre os companheiros de geração, os artistas modernistas Carlos Drummond de Andrade, Manuel Bandeira, Anita Malfatti, Tarsila do Amaral, Candido Portinari, Heitor Villa-Lobos; os dirigentes da política cultural oficial Augusto Meyer e Rodrigo Mello Franco de Andrade; os musicólogos e folcloristas Renato Almeida e Luís da Câmara Cascudo; e muitos outros parentes, amigos e intelectuais.

A construção de um sentido mais amplo e permanente do modernismo entre nós deve muito à atuação de Mário de Andrade, que aconteceu em múltiplos planos mas foi deflagrada publicamente com a Semana de Arte Moderna de São Paulo, de 1922. Mesmo antes da Semana, Mário já estava se tornando conhecido publicamente como um dos líderes do movimento de renovação estética e cultural. Ele vinha travando contato com outros modernistas paulistas

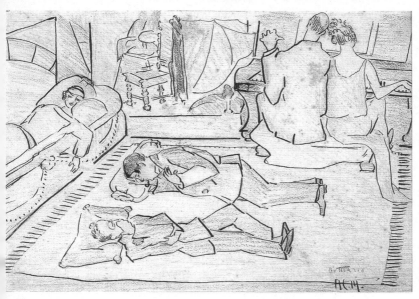

Desenho de Anita Malfatti de 1922: *O grupo dos cinco*, — Mário, Oswald, Tarsila, Anita e Menotti del Picchia —, núcleo original do modernismo paulista

desde pelo menos 1917, quando ocorrera a exposição de Anita Malfatti. Esse reconhecimento aparece tanto no artigo de Oswald de Andrade "Meu poeta futurista", publicado no *Jornal do Commercio* em 1921 e respondido por Mário com o artigo "Futurismo?", repudiando rótulos estéticos e firmando sua própria pesquisa da modernidade, quanto nos artigos que Mário escreve no mesmo ano e no mesmo jornal, chamados "Mestres do passado", nos quais critica os poetas parnasianos.

Realizada entre 11 e 18 de fevereiro de 1922 no Teatro Municipal de São Paulo, a Semana de Arte Moderna é um marco crucial do modernismo brasileiro. Ela contou com a participação de escritores, artistas plásticos, arquitetos e músicos. Anita Malfatti, Di Cavalcanti, Zina Aita, Vicente do Rego Monteiro, Ferrignac (Inácio da Costa Ferreira), Yan de Almeida Prado, John Graz, Alberto Martins Ribeiro e Oswaldo Goeldi, com pinturas e desenhos; Victor Brecheret, Hildegardo Leão Velloso e Wilhelm Haarberg, com esculturas; Antonio Garcia Moya e Georg Przyrembel, com projetos de arquitetura. E, além dos poetas e escritores, como Mário de Andrade, Oswald de Andrade, Menotti del Picchia, Sérgio Milliet, Plínio Salgado, Ronald de Carvalho, Álvaro Moreira, Renato de Almeida, Ribeiro Couto e Guilherme de Almeida, estiveram presentes, na música, nomes como Heitor Villa-Lobos, Ernani Braga e Frutuoso Viana. Eram eles, sobretudo, jovens cujos objetivos e força comum eram renovar o cenário artístico e cultural do Brasil com "a perfeita demonstração do que há em nosso meio em escultura, arquitetura, música e literatura sob o ponto de vista rigorosamente atual", como informava o *Correio Paulistano* em 29 de janeiro de 1922.

Era um ano e um lugar emblemáticos. O Brasil comemorava o primeiro centenário da Independência e os jovens modernistas davam um novo "grito do Ipiranga" pretendendo libertar a arte brasileira das amarras que a prendiam aos padrões acadêmicos e estrangeiros. Vivenciava-se naquele momento um contexto particular, marcado por uma feliz convergência que se mostraria crucial para o projeto dos modernistas brasileiros de renovar a sensibilidade, a imaginação social e as artes no Brasil. Refiro-me, ao lado de questões mais gerais como os processos de modernização e urbanização então em curso, especificamente ao interesse das vanguardas artísticas europeias do período pela arte africana dita "primitiva". Essa arte seria tomada por pintores europeus, co-

Cartaz da Semana de 1922

mo o cubista espanhol Pablo Picasso, como o meio de revitalização da arte europeia, então vista como decadente por causa do engessamento causado pela longa tradição estética do continente. Se esse interesse pelo "primitivo" não explica inteiramente o programa de abrasileiramento do Brasil de nossos modernistas, facilitou muito a valorização do nosso passado e das nossas manifestações artísticas populares e eruditas, até então vistas com preconceito, como se fossem expressão do nosso atraso ou inferioridade em relação à arte europeia.

Se a construção de um sentido mais amplo e permanente do modernismo entre nós deve muito à atuação de Mário de Andrade, deve também ao trabalho de outros modernistas paulistas, como Oswald de Andrade, e ainda à concorrência dos críticos que se formaram procurando tirar consequências das inovações desses artistas. A própria expressão "Semana de Arte Moderna" foi, a propósito, sistematicamente cultivada pela crítica — acadêmica ou não — de modo a significar uma experiência cultural e política mais ampla, e bastante heterogênea, do que apenas o evento por ela compreendido. A Semana de Arte Moderna de

1922 passou a representar, com o passar do tempo, um símbolo de diferentes iniciativas da renovação estética e cultural entre nós e até mesmo um modelo para todas as outras que surgiram. Iniciativas até mesmo concorrentes entre si, algumas que já estavam em curso, outras que apenas naquele momento ganhavam maior abrangência, e que possuíam sentidos culturais e políticos distintos; mas que, para o bem e para o mal, foram assimiladas ou dissolvidas pelo poder de atração dos modernistas paulistas e da sua Semana de Arte Moderna.

É verdade que Mário de Andrade se mostrou bem menos belicoso e restritivo em relação à diversidade interna do modernismo do que alguns de seus companheiros paulistas, o que talvez tenha contribuído para sua posição de líder do movimento. O caso das relações e das competições entre modernistas paulistas e cariocas é emblemático; como o episódio que envolveu, de um lado, os críticos literários e ensaístas Sérgio Buarque de Holanda e, posteriormente, Prudente de Moraes Neto e, de outro, Ronald de Carvalho.

No artigo "O lado oposto e outros lados", de Sérgio Buarque, publicado na *Revista do Brasil*, em 15 de outubro de 1926, explicitam-se as divergências entre os dois grupos a ponto de marcar uma ruptura no movimento modernista. Classificando Ronald de Carvalho e o poeta Guilherme de Almeida como "modernistas academizantes", e sua participação na Semana como "germens de atrofia", Sérgio Buarque sugere:

> São autores que se acham situados positivamente do *lado oposto* e que fazem todo o possível para sentirem um pou-

co da inquietação da gente da vanguarda [...] Houve tempo em que esses autores foram tudo quanto havia de bom na literatura brasileira. No ponto em que estamos hoje *eles não significam mais nada para nós.*

Discutindo o caso em carta a Manuel Bandeira datada de 10 de novembro de 1926, Mário pergunta:

Primeiro: Quem é este nós? O segundo ponto-a-linha fala em "pra mim", quem é este nós? E o chamado Modernismo? Mas eu quero saber quem no mundo poderá definir o Espírito Moderno sem incluir dentro dele as orientações mais díspares! Como afirmar que Ronald e Gui, incluída e relembrada mesmo a parte formalista das obras deles, não são modernistas?

Outra parte importante da vida profissional e intelectual de Mário de Andrade é sua atuação como professor na Universidade do Distrito Federal e, sobretudo, no Conservatório Dramático e Musical de São Paulo. Na Universidade do Distrito Federal (UDF), no Rio de Janeiro, Mário de Andrade deu aulas no curso de filosofia e de história da arte, mas também assumiu a diretoria do Instituto de Artes, em 1938. Ao contrário da sua longa carreira no Conservatório, iniciada em 1913, sua passagem pela UDF foi muito rápida, e explica-se em parte pela própria brevidade da experiência dessa universidade. Como especulou posteriormente Mário Barata, um ex-aluno, com o fechamento da universidade, em 1939, Mário de Andrade acabou não tendo a chance de desenvolver o que, num país de ritmo violento e desnorteado como é o do Brasil, ele teria podido, em dez anos como professor, paralelamente ao brilhante ensino da música a que se dedicou. Poderia ter feito o mesmo nas artes plásticas ou visuais, ter feito um esforço extraordinário, porque os resumos das suas aulas, as apostilas, comprovam o alcance do seu pensamento.

Criada em 1935, a UDF apresentava um projeto pedagógico bastante inovador idealizado por Anísio Teixeira, então secretário de Educação do Distrito Federal, e reunia em seu quadro docente o que de melhor havia entre artistas e intelectuais brasileiros, fora os professores estrangeiros contratados. Foram seus professores, Mário de Andrade, Villa-Lobos, Di Cavalcanti, Candido Portinari, Cecília Meirelles, Lúcio Costa, Josué de Castro, Gilberto Freyre, Sérgio Buarque de Holanda, entre outros. A radicalidade do projeto da UDF encontrou forte resistência em meio às tendências centralizadoras e autoritárias do poder — que culminaram no Estado Novo (1937-45) — e também nas disputas pelo controle da educação no governo federal e entre intelectuais conservadores, ligados à Igreja Católica, como Alceu Amoroso Lima. Assim, em 1939, a UDF foi fechada e incorporada à Universidade do Brasil, atualmente chamada de Universidade Federal do Rio de Janeiro (UFRJ).

Embora o país vivesse um de seus períodos de mais acentuada repressão, alguns intelectuais, entre eles Mário de Andrade, não deixaram de protestar na imprensa contra o fechamento da UDF. Mário não só escreveu para os jornais como também mandou uma carta bastante incisiva ao ministro Gustavo Capanema, em 23 de fevereiro de 1939. Esse posicionamento era extremamente delicado, pois, além de tudo, ele dependia do ministro naquele momento para conseguir outra colocação no Rio de Janeiro, que veio a ter, no Instituto Nacional do Livro. Mesmo assim Mário diz na carta:

> Não pude me curvar às razões dadas por você para isso; lastimo dolorosamente que se tenha apagado o único lugar de ensino mais livre, mais moderno, mais pesquisador que nos sobrava no Brasil, depois do que fizeram com a Faculdade de Filosofia, Ciências e Letras de São Paulo. Esse espírito, mesmo conservados os atuais professores, não conseguirá reviver na Universidade do Brasil, que a liberdade é frágil, foge das pompas, dos pomposos e das pesadas burocracias.

O período vivido no Rio de Janeiro, entre 1938 e 41, foi dos mais difíceis para Mário de Andrade. Ele, que tanto havia desejado viver na então Capital Federal, deixara São Paulo extremamente abatido e magoado com seu afastamento do Departamento de Cultura e com o que entendia ter sido o fracasso da sua gestão à frente dele. Longe de casa e do convívio cotidiano familiar pela primeira (e única) vez, dos amigos de São Paulo, dos seus livros, quadros e demais objetos das suas coleções tão cuidadosamente dispostos na rua Lopes Chaves, os três anos passados no Rio foram vividos por Mário como um "exílio". Foram anos de profunda melancolia e depressão que nem mesmo sua volta para São Paulo conseguiu alterar. Foram tempos que até pareciam anunciar sua morte, como sugeriu o crítico Eduardo Jardim de Moraes.

"Casa minha": foto de Mário de Andrade da sua casa na rua Lopes Chaves, nº 108

O afastamento de Mário da sua cidade natal, de seu universo de origem, teve consequências intelectuais importantes: propiciou a retomada dos estudos, após os anos de rotina burocrática e de disputas políticas e conflitos de interesses envolvidos em seu dia a dia no Departamento de Cultura, e o aprofundamento de suas considerações sobre arte. O autoexílio propiciou também a meditação prolongada e a realização de balanços sobre sua vida pessoal e sobre o papel intelectual que vinha desempenhando, como apa-

Rio de Janeiro, 1941. A relação de Mário com a então Capital Federal foi marcada por ambiguidades

rece na avaliação bastante crítica que acabou por fazer do modernismo e da contribuição de sua geração intelectual, na conferência da Casa do Estudante do Brasil.

O cotidiano na então Capital Federal acabou aproximando Mário de Andrade dos graves problemas sociais e políticos da época, o que acirrou o embate que lhe acompanharia até a morte, quatro anos depois, entre decepção e pessimismo com as agruras do mundo, os impasses da sua afetividade e a consciência política. Aqueles anos fortaleceram, acima de tudo, a preocupação de Mário de Andrade com o isolamento dos artistas contemporâneos diante da responsabilidade e do compromisso social que ele acreditava que deveriam ter, e não apenas com a necessidade de politização da arte.

Mas o Rio de Janeiro também propiciou a convivência de Mário com jovens artistas e intelectuais procedentes de diferentes regiões do país. Os debates quentes e os chopes nem tão gelados da Taberna da Glória, onde décadas antes o compositor Ernesto Nazareth se apresentava frequentemente, não foram esquecidos por seus alunos da UDF e outros jovens, como os escritores Rachel de Queiroz, Moacir Werneck de Castro e Murilo Miranda.

Mário de Andrade no Rio de Janeiro em 1937

CAPÍTULO IV
Música, doce e difícil música

Mário de Andrade no harmônio, em sua casa, em 1938

Trezentos, trezentos e cinquenta. Conviver com jovens e lhes deixar fortes impressões naturalmente não era novidade para Mário de Andrade, dada sua longa experiência como professor no Conservatório Dramático e Musical de São Paulo. É a partir do Conservatório que a música ganha papel central em sua trajetória biográfica e intelectual, em meio a suas reflexões e realizações artísticas e intelectuais nas múltiplas esferas culturais. Seus estudos formais de piano se iniciaram relativamente tarde, já que ele ingressou no Conservatório Dramático e Musical, onde o pai, Carlos Augusto de Andrade, era tesoureiro, aos dezoito anos de idade. Mário seguia então os passos do irmão mais novo, Renato, que, pretendendo ser concertista, havia ingressado no Conservatório em 1909, mas morreu precocemente quatro anos depois.

Sobre esse período, Mário de Andrade se recordaria, em carta de 1940 a Oneida Alvarenga:

> quando aos dezesseis anos e muito resolvi me dedicar à música, me fez concluir instantaneamente que a música não existe, o que existia era a Arte?... E desde então, desde esse primeiro momento de estudo real (antes, por uns meses apenas, estudaria piano sozinho, só pra gastar o tempo), desde então, assim como estudava piano, não perdia concerto e lia a vida dos músicos.

Seu conhecimento prévio do instrumento, contudo, aprendido em casa com a mãe e a tia-madrinha, Ana Francisca, a partir de 1909, permitiu-lhe ingressar diretamente no terceiro ano de piano no Conservatório. Seus conhecimentos de música e história da música parecem ter sido igualmente importantes, pois no ano seguinte já desempenhava a função de monitor de princípios de teoria musical.

Em 1913, Mário de Andrade foi nomeado professor de piano e de história da música e, a partir de 1922, como professor catedrático, passava a ensinar estética e história da música no Conservatório Dramático e Musical.

Esse foi um ano-chave na trajetória do nosso autor.

Foi o ano da Semana de Arte Moderna de São Paulo e da sua nomeação no Conservatório. Se sua participação na Semana projetou-o nacionalmente como contestador da tradição e renovador das artes e da cultura, por outro lado, cobrou um preço alto ao professor de piano da então conservadora e provinciana cidade de São Paulo. Consta que Mário perdeu quase toda, senão integralmente, sua clientela burguesa de alunos particulares de piano após a Semana, na qual havia recitado a emblemática "Ode ao burguês", de *Pauliceia desvairada*, que começa com os versos:

No Conservatório Dramático e Musical de São Paulo, em 1918

> *Eu insulto o burguês! O burguês-níquel,*
> *O burguês-burguês!*
> *A digestão bem-feita de São Paulo!*

Além de fazer parte do cotidiano de Mário de Andrade, como professor de Conservatório, ou talvez por isso mesmo, a música estava no centro de seus interesses e atividades modernistas. Foi a formação em música que permitiu a Mário extrapolar seu interesse inicial no Conservatório, tornar-se pianista profissional, para forjar-se num dos principais atores do movimento de renovação cultural modernista. Foi como professor de música que Mário produziu toda a sua vasta obra como artista e crítico cultural, exercendo o papel de principal orientador de artistas brasileiros até o ano de sua morte, em 1945. Foi a partir da estética musical que Mário passou a estudar e a refletir não apenas sobre questões ligadas à música, mas também sobre um número variado de manifestações artísticas e intelectuais, como aparece em suas obras de poesia, romance, crítica de arte etc. Em suma, "por deformação de ofício", como sugere Gilda de Mello e Souza, Mário de Andrade "habituou-se a pensar as várias manifestações artísticas de acordo com a ordenada sistematização musical".

Isso transparece em seus textos teóricos e nos seus programas estéticos, verdadeiros manifestos, sobre poesia e literatura, como no "Prefácio interessantíssimo", de *Pauliceia desvairada*, e em *A escrava que não é Isaura*, nos quais a estética musical é tomada como perspectiva para a renovação poética. No primeiro, por exemplo, Mário emprega conceitos musicais como "harmonismo", "polifonismo", "sincronismo", para caracterizar certos processos correntes e equacionar o verso livre, meio, como vimos, de renovação poética modernista. Vale uma longa citação do "Prefácio interessantíssimo":

> *Sei construir teorias engenhosas. Quer ver?*
> *A poética está muito mais atrasada que a*
> *música. Esta abandonou, talvez mesmo antes*

do século 8, o regime da melodia quanto muito
oitavada, pra enriquecer-se como infinitos
recursos da harmonia. A poética, com rara
exceção até meados do século 19 francês, foi
essencialmente melódica. Chamo de verso
melódico o mesmo que melodia musical:
arabesco horizontal de vozes (sons) consecutivas,
contendo pensamento inteligível.
Ora, si em vez de unicamente usar versos
melódicos horizontais:
"Mnezarete, a divina, a pálida Frineia
Comparece ante a austera e rígida assembleia
Do Areópago supremo..."
fizermos que se sigam palavras sem ligação
imediata entre si: estas palavras, pelo fato
mesmo de se não seguirem intelectual,
gramaticalmente, se sobrepõem umas às outras,
para a nossa sensação, formando, não mais
melodias, mas harmonias.
Explico milhor:
Harmonia: combinação de sons simultâneos.
Exemplo:
"Arroubos... Lutas... Setas... Cantigas...
Povoar!..."
Estas palavras não se ligam. Não formam
enumeração. Cada uma é frase, período elíptico,
reduzido ao mínimo telegráfico.
Si pronuncio "Arroubos", como não faz parte
de frase (melodia), a palavra chama a atenção

*para seu insulamento e fica vibrando, à espera
duma frase que lhe faça adquirir significado e
QUE NÃO VEM. "Lutas" não dá conclusão
alguma a "Arroubos"; e, nas mesmas condições,
não fazendo esquecer a primeira palavra, fica
vibrando com ela. As outras vozes fazem o
mesmo. Assim: em vez de melodia (frase
gramatical) temos acorde arpejado, harmonia,
— o verso harmônico.
Mas, si em vez de usar só palavras soltas, uso
frases soltas: mesma sensação de superposição,
não já de palavras (notas) mas de frases
(melodias). Portanto: polifonia poética.
Assim, em* Pauliceia desvairada *usam-se o
verso melódico:*
*"São Paulo é um palco de bailados russos"; o
verso harmônico:*
*"A cainçalha... A Bolsa... As jogatinas...";
e a polifonia poética (um e às vezes dois e
mesmo mais versos consecutivos):*
*"A engrenagem trepida... A bruma neva..."
Que tal? Não se esqueça porém que outro virá
destruir tudo isso que construí.*

O mesmo ocorre na construção narrativa de *Macunaíma* (1928), que, como demonstrou Gilda de Mello e Souza, utiliza dois processos musicais próprios à rapsódia — como o autor definiu seu livro e que, em linguagem musical, se refere a uma peça de forma livre que utiliza geralmente melodias, processos de composição improvisadas e efeitos instru-

Capa da primeira edição de *Pauliceia desvairada*, de 1922

mentais de determinadas músicas nacionais ou regionais. "Suíte" e "variação" são os processos musicais utilizados na rapsódia mariodeandradiana. Ambos comuns tanto à música erudita quanto à criação popular — neste caso, um exemplo perfeito da suíte é encontrado no bailado nordestino do bumba meu boi, e um exemplo da variação, no improviso do cantador nordestino.

Em *Macunaíma*, como no conjunto da obra de Mário de Andrade, encontram-se os dois pontos de referência centrais da sua meditação estética sobre a música: o fenômeno musical e a criatividade da cultura popular. É da confluência deles que deriva a maioria de seus conceitos básicos sobre a arte em geral, e a brasileira em particular. E são eles que informam o empenho de Mário de Andrade de transposição artística dos processos folclóricos de criação, pois na sua concepção o compositor interessado em fazer obra nacional não deveria simplesmente partir do documento recolhido, mas antes das normas de compor presentes na formação híbrida da música popular — no canto, na melodia, nos corais, na música instrumental, nas danças —, e que, no entanto, são, também, normas universais de compor.

São essas algumas das principais questões formalizadas em seus livros de musicologia, como *Ensaio sobre a música brasileira* (1928), e o que planejou, com base nos materiais recolhidos em sua viagem etnográfica ao Nordeste, em 1927, mas que não chegou a publicar, intitulado *Na pancada do ganzá*. Todavia, os títulos que comporiam essa obra, *Danças dramáticas do Brasil*, *Música de feitiçaria no Brasil*, *Melodias do boi e outras peças* e *Os cocos* receberam publicação póstuma graças ao trabalho da musicóloga Oneida Alvarenga.

Publicado no mesmo ano que *Macunaíma*, 1928, o *Ensaio sobre a música brasileira* não é apenas um compêndio ou história da música no Brasil; é, acima de tudo, um guia que buscava indicar "objetivamente" aos compositores quais normas de compor da música popular poderiam ser utilizadas na elaboração de uma vertente artística nacional brasileira. Por exemplo, considerando o ritmo o elemento mais característico dessa musicalidade popular, Mário propõe o emprego da síncopa nas composições artísticas. Compreendendo um padrão rítmico em que um som é articulado na parte fraca do tempo ou compasso, prolongando-se pela parte forte seguinte, a síncopa, segundo Mário, seria uma constante da música brasileira e ocorreria de forma inconsciente na nossa música popular.

Todavia, embora ao compositor artístico nacionalmente orientado coubesse desenvolver achados populares, ele não deveria se restringir a tais achados em suas composições, pois, segundo Mário, quando isso acontece, a música "cai no fácil, no conhecido e excessivo característico". E cita o compositor Heitor Villa-Lobos como o exemplo que soube utilizar o sincopado e o desenvolvimento da manifestação popular em suas composições eruditas. O mesmo ocorre com os movimentos rítmicos e melódicos da música popular, como afirmou Mário:

Foto de Heitor Villa-Lobos com dedicatória a Mário

> Isso é uma riqueza com possibilidades enormes de aproveitamento. Si o compositor brasileiro pode empregar a síncopa, constância nossa, pode principalmente empregar movimentos melódicos aparentemente sincopados, porém desprovidos de acento, respeitosos da prosódia, ou musicalmente fantasistas, livres de remeleixo maxixeiro, movimentos enfim inteiramente pra fora do compasso ou do ritmo em que a peça vai. Efeitos que além de requintados podem, que nem no popu-

lário, se tornar maravilhosamente expressivos e bonitos. Mas isso depende do que o compositor tiver pra nos contar...

A própria existência de uma música artística ou erudita propriamente brasileira aparece, assim, condicionada à diferenciação de uma nacionalidade; no entanto, para Mário, apesar da independência política de 1822, ainda não havia uma sociedade plenamente constituída no Brasil como nação. Assim, como poderia haver uma música nacional se nossa dependência cultural em relação à Europa, herdada do período colonial, persistia?

A mesma preocupação sobre esse domínio artístico orienta a escrita de outro livro, no ano seguinte: o *Compêndio de história da música*, de 1929, mas que a partir de 1942 passa a chamar *Pequena história da música*. Mário buscava oferecer aí material didático sobre história da música e tinha como público-alvo original seus próprios alunos do Conservatório Dramático e Musical de São Paulo. Em carta a Manuel Bandeira, Mário descreve seu livro:

> Vou fazer um livreco. Pra aluno conservatorial. Tudo sínteses, História da "manifestação" musical através dos tempos até agora. Desde os primitivos (pretexto pra falar dos índios do Brasil) até Villa-Lobos e Strawinski. Capitulinhos claros quanto possível e de leitura corrente. Grande número de ideografias, árvores genealógicas etc. pra fixar no aluno os períodos e as personagens representativas deles. Brasil o quanto possível.

Alunas de história da música, no Conservatório, em 1931. A música foi não apenas a principal ocupação profissional de Mário, mas um dos instrumentos de interpretação do Brasil

Durante a década de 1920, além desses livros importantes, Mário de Andrade escreveu intensamente sobre música em revistas culturais, como *Ariel. Revista de cultura musical*, publicação iniciada em 1923 e cuja direção passa a assumir em junho de 1924, a partir do número 9, com o intuito de evitar seu fechamento, mas sem sucesso, uma vez que a revista encerra as atividades em outubro do mesmo ano.

Nos artigos de *Ariel*, Mário mantém a visão crítica sobre a situação da música erudita no Brasil, como no artigo "Tupinambá", publicado no número 5, de fevereiro de 1924:

> A arte musical brasileira, si a tivermos um dia, de maneira a poder chamar-se escola, terá inevitavelmente de auscultar as palpitações rítmicas e ouvir os suspiros melódicos do povo

para ser nacional e por consequência ter direito de vida independente no universo. Porque o direito de vida universal só se adquire partindo do particular para o geral, da raça para a humanidade, conservando aquelas suas características próprias, que são o contingente com que enriquece a consciência humana. O querer ser universal desraçadamente é uma utopia. A razão está com aquele que pretender contribuir para o universal com os meios que lhe são próprios e que viram tradicionalmente da evolução de seu povo através das causas e acidentes. Tudo o mais é perder-se e divagar informe, sem efeito.

Nós temos hoje inegavelmente uma música nacional. Mas esta ainda se conserva no domínio do povo, anônima. Dois homens, porém, de grande valor músico, tornaram-se notáveis na construção dela: Ernesto Nazareth e Marcello Tupinambá. São com efeito os músicos brasileiros por excelência.

Mário de Andrade em 1932, foto de Gilda de Moraes Rocha

CAPÍTULO V
Modernismo para todos

Trezentos, trezentos e cinquenta. As convicções e os interesses de Mário de Andrade, seu empenho modernista na renovação cultural, na promoção do diálogo criativo entre formas populares e eruditas de arte e na expansão das oportunidades culturais à população menos favorecida, levaram-no, como também a vários de seus contemporâneos, a assumir posições oficiais no Estado. Ainda que nem todos movidos pelos mesmos objetivos, naturalmente.

No Brasil, a estrutura burocrática do Estado passou, na década de 1930, por grandes transformações e inovações, inclusive com a alocação de valores, concepções e práticas associadas aos projetos modernistas de renovação cultural, e muitas vezes mediante a participação direta, em seus quadros, dos artistas e intelectuais protagonistas daquele movimento cultural. Assim, não é exagero dizer que o modernismo contribuiu para alterar fundamentalmente o Estado, aproximando-o das representações do Brasil que os modernistas vinham criando.

Foram muitos os modernistas que participaram da reconstrução do Estado e muitas as instâncias da administração pública que eles ocuparam. No caso de Mário de Andrade, ele atuou inicialmente no município de São Paulo, como chefe da Divisão de Expansão Cultural e diretor do Departamento de Cultura da cidade. Ligou-se, com o fim dessa experiência, ao Ministério da Educação e Cultura (MEC) e a seus órgãos, como o Instituto Nacional do Livro (INL), em 1939. Ainda que já viesse participando de atividades de interesse do MEC, como em 1936, quando foi convocado pelo ministro Gustavo Capanema a preparar um anteprojeto que serviria de base, no ano seguinte, à criação do SPHAN, cujo primeiro diretor foi Rodrigo Mello Franco de Andrade.

Mário com Rodrigo Mello Franco de Andrade, sob cuja liderança e comando foi criado o Serviço do Patrimônio Histórico e Artístico Nacional

Mário de Andrade esteve ligado ao SPHAN até sua morte desempenhando várias funções, sobretudo em São Paulo, e a ele foi legado o sítio Santo Antônio, em São Roque, comprado em 1944 por seu valor histórico e artístico. Como observou a crítica de arte Lélia Coelho Frota, no anteprojeto elaborado por Mário para o SPHAN, percebe-se a intenção de fundo modernista de envolver as mais diferentes manifestações culturais, pois nele denominam-se "obras de arte patrimoniais a arte arqueológica, a arte ameríndia, a arte popular, a arte histórica, a arte erudita nacional, a arte erudita estrangeira, as artes aplicadas nacionais, as artes aplicadas estrangeiras".

A grande atuação de Mário de Andrade na administração pública deu-se mesmo no Departamento Municipal de Cultura e Recreação da Prefeitura de São Paulo, criado em maio de 1935. Sua criação esteve associada a uma série de iniciativas que, após o fracasso paulista na Revolução de 1932, buscava dotar o Estado de instituições culturais e científicas modernas capazes de redefinir os rumos da cultura nacional, a exemplo da Universidade de São Paulo, criada em 1934.

Mário de Andrade assumiu a direção do Departamento de Cultura dias depois de sua criação, em 5 de junho, por intermédio de seu amigo dos tempos do *Diário Nacional*, Paulo Duarte, do Partido Democrático, então chefe de gabinete do prefeito Fábio da Silva Prado. Este, por sua vez, havia sido nomeado pelo então governador Armando de Salles Oliveira, e sua exoneração do cargo, em 1938, em função das reviravoltas políticas deflagradas com o golpe de 1937 e instalação do Estado Novo, antecipa o fim da experiência de Mário à frente do Departamento, e, mais ainda, altera definitivamente o destino de ambos, de Mário, como vimos, e também do Departamento de Cultura.

Ao assumir o departamento, Mário de Andrade reuniu alguns dos mais importantes nomes da intelectualidade paulista da época, como Sérgio Milliet, que ocupou a Divisão de Documentação Histórica e Social, e Rubens Borba de Morais, que cuidou da Divisão de Bibliotecas. Oneida Alvarenga assumiu a Discoteca Pública Municipal. Sob a direção geral de Mário, a atuação do Departamento de Cultura foi, nos limites dados pelo contexto, extremamente inovadora, promovendo serviços de qualidade reconheci-

Foto do Palacete do Elegante Automóvel Clube, frequentado por muitos dos jovens que patrocinaram a Semana de Arte Moderna

da e com propósitos claramente democráticos: criação de cursos populares, de radioescola, parques infantis, concertos populares, piscinas públicas, bibliotecas públicas, discoteca pública, preservação de documentos históricos, pesquisas e outros. Iniciativas que, pioneiramente, deram forma às atividades culturais como objetos de políticas públicas, e que expressam, a seu modo, a "ida ao povo" que Mário de Andrade e seus companheiros realizaram por meio do Estado. Era esse justamente o momento de "rotinização do modernismo", como sugeriu Antonio Candido, que anima a "tentativa consciente de arrancar a cultura dos grupos privilegiados para transformá-la em fator de humanização da maioria, através de instituições planejadas". Ou como disse o próprio Mário em carta ao escritor e memorialista Paulo Duarte:

Num país como o nosso, em que a cultura infelizmente ainda não é necessidade quotidiana de ser, está se aguçando com violência dolorosa o contraste entre uma pequena elite que realmente se cultiva e um povo abichornado em seu rude corpo. Há que forçar um maior entendimento mútuo, um maior nivelamento geral da cultura que, sem destruir a elite, a torne mais acessível a todos [...] Tarefa que compete aos governos.

Nem é preciso dizer o quanto essas aproximações entre intelectuais e Estado, sobretudo durante a ditadura de Getúlio Vargas no chamado Estado Novo (1937-45), são controversas. Afinal, se, de um lado, o Estado Novo foi modernizador e inovador em vários campos da vida social, inclusive em relação à cultura brasileira, que passa então a ser entendida basicamente em termos modernistas, não se pode desconsiderar, de outro, que o contexto de restrição às liberdades políticas da ditadura colocava limites cruciais para a própria democratização da cultura e para a afirmação do papel da cultura no processo de democratização da sociedade como um todo, tal como vislumbrado por Mário de Andrade. As dimensões acanhadas do mercado cultural da época, com consumo cultural reduzido e frágil institucionalização, também não foram sem consequências. Essa ambiguidade marca ainda a experiência do Departamento de Cultura de São Paulo e expressa, em grande medida, os limites do projeto que, inclusive, implicaram a saída de Mário de Andrade da direção do órgão. Ambiguidade em relação à qual Mário desenvolverá com o tempo percepção menos voluntarista, como a que teve logo no início, quando procurou deixar para si as responsabilidades pelo fracasso do projeto.

Enfim, é certo que as instituições não se limitam, naturalmente, às idiossincrasias ou características pessoais de seus gestores, pois estão sujeitas a uma série de conjunturas e outros determinantes que possuem fundamentos e dinâmicas que ultrapassam o registro individual. Do ponto de vista da trajetória de Mário de Andrade, porém, sua experiência à frente do Departamento de Cultura parece materializar dois aspectos fundamentais da sua trajetória intelectual, tal como caracterizada por Telê Porto Ancona Lopez, crítica literária e uma das principais estudiosas da obra do autor: o sentido de compromisso social e sua ligação com a produção cultural popular. Ou como o próprio Mário afirmou em entrevista de 1944:

> É certo que tenho cometido muitos erros na minha vida. Mas com minha 'arte interessada', eu sei que não errei. Sempre considerei o problema máximo dos intelectuais brasileiros a procura de um instrumento de trabalho que os aproximasse do povo. Esta noção proletária da arte, da qual nunca me afastei, foi que me levou, desde o início, às pesquisas de uma maneira de exprimir-me em brasileiro. Às vezes com sacrifício da própria obra de arte.

O tema do compromisso social do intelectual que vinha perpassando toda a sua obra ganha contornos bem definidos no fim da vida de Mário de Andrade, como nos dois livros inéditos acrescentados à reedição das *Poesias* (1941), *A costela do grão cão* e *Livro azul*. Neles, os versos parecem ditados pelo balanço de toda uma vida, em que, enfim, utopia e pessimismo se confrontam, e a subjetividade do poeta se torna tomada de consciência crítica em relação à miséria e à desigualdade social brasileiras. Vejamos dois poemas do seu impressionante *Lira paulistana* em que o poeta e sua cidade parecem se diluir um no outro:

O bonde abre a viagem,
No banco ninguém,
Estou só, stou sem.

Depois sobe um homem,
No banco sentou,
Companheiro vou.

O bonde está cheio,
De novo porém
Não sou mais ninguém.

* * *

Eu nem sei si vale a pena
Cantar São Paulo na lida,
Só gente muito iludida
Limpa o gosto e assopra a avena,
Esta angústia não serena,
Muita fome pouco pão,
Eu só vejo na função
Miséria, dolo, ferida
    Isso é vida?
      [...]

Ao lado do tema do compromisso social do intelectual, e, mais ainda, a ele associado, outro aspecto da citação de Mário de Andrade feita anteriormente a esse respeito deve nos interessar especialmente: "suas pesquisas de uma maneira de exprimir-me em brasileiro". A adoção programática da língua portuguesa falada no Brasil e sua transposição para a escrita, ou noutras palavras a aproximação da língua escrita com a falada, aparece em poemas, romances e ensaios de Mário, e pode ser conferida pelo leitor também no trecho do "Prefácio interessantíssimo", citado no capítulo anterior. Em carta datada de 18 de fevereiro de 1925 a Carlos Drummond de Andrade, Mário se refere a essa aproximação do "como falamos" ao "como somos" como uma "aventura que me meti de estilizar o brasileiro vulgar"; uma aventura, porém, "muito pensada e repensada", uma "estilização culta da linguagem popular da roça como da cidade, do passado e do presente. É uma trabalheira danada diante de mim". E assevera adiante sobre os usos populares brasileiros da língua portuguesa:

> O povo não é estúpido quando diz "vou na escola", "me deixe", "carneirada", "manfiar", "besta ruana", "farra", "vagão", "futebol". É antes inteligentíssimo nessa aparente ignorância porque sofrendo as influências da terra, do clima, das ligações e contatos com outras raças, das necessidades do momento e da adaptação, e da pronúncia, do caráter, da psicologia racial modifica aos poucos uma língua que já não lhe serve de expressão porque não expressa ou sofre essas influências e a transforma afinal numa outra língua que se adapta a essas influências.

manteve farta correspondência com contemporâneos, entre eles Drummond, hoje constitui uma das principais s de estudo do modernismo

Nessa aproximação, Mário de Andrade se contrapunha e, na verdade, esvaziava a distinção clássica entre norma culta — a língua portuguesa escrita de acordo com as regras gramaticais estabelecidas a partir de Portugal — e a língua portuguesa falada, adaptada e recriada no cotidiano brasileiro. E reconhecer a língua falada pelo povo como língua literária, como disse na carta anteriormente transcrita e realiza magistralmente em *Macunaíma*, era sem dúvida atitude profana e revolucionária para a época. Ilustra a importância do debate a publicação de *A língua nacional* (1921), de João Ribeiro, defendendo a diferenciação, a autonomia e a legitimidade do português falado no Brasil, e *A perpétua metrópole* (1922), de Almáquio Diniz, defendendo, ao contrário, nossa subordinação linguística ao que entendia ser o purismo lusitano. E foi com a concorrência de Mário de Andrade que essa, certamente, se tornou uma das maiores conquistas do modernismo. A seu lado, mais uma vez o amigo Manuel Bandeira, que em 1925 tomou posição firme em relação à "língua mãe". Como Mário, também Bandeira escolhe a língua "errada" do povo brasileiro ao português castiço, de Portugal. Lembrando a sua experiência com a língua portuguesa no belo poema "Evocação do Recife", de 1925, Bandeira escreve:

> *A vida não me chegava pelos jornais nem pelos livros*
> *Vinha da boca do povo na língua errada do povo*
> *Língua certa do povo*
> *Porque ele é que fala gostoso o português do Brasil*
> *Ao passo que nós*
> *O que fazemos*
> *É macaquear*
> *A sintaxe lusíada.*

Essa conquista modernista não é uma conquista apenas estética, mas é também social e política, já que o reconhecimento da língua cotidiana e popular sem erudições implicou não só a renovação radical do código literário, como uma aproximação ao povo que deu voz própria ao homem brasileiro. Aproximação ainda hoje não apenas difusamente rebelde, mas antes radicalmente democrática. E, no que diz respeito a Mário de Andrade, aí mais uma vez o sentido político da arte e da cultura em geral, como ele entendia e explicou ao jornalista e acadêmico Francisco de Assis Barbosa:

> O artista pode não ser político enquanto homem, mas a obra de arte é sempre política enquanto ensinamento e lição; e quando não serve a uma ideologia serve a outra, quando não serve a um partido serve a seu contrário.

Essa aproximação, enfim, do "como falamos" ao "como somos" remete a um aspecto central do pensamento e da atuação de Mário de Andrade que já assinalamos em relação à valorização do folclore e das práticas culturais populares como meio estratégico de abrasileiramento da cultura erudita produzida no Brasil, especialmente a música. Assim, é crucial observar que o sentido da diluição da oposição língua escrita (culta) e língua falada (popular), e sua ressignificação mútua, embora tenha especificidades linguísticas próprias, implica a diluição mais ampla entre cultura erudita e cultura popular. E é essa a particularidade do Brasil e sua contribuição cultural mais importante, explorada em todas as frentes de atuação de Mário de Andrade que estamos acompanhando. Assim, sua trajetória e sua obra parecem encontrar um denominador comum no empenho de abrasileirar a cultura e a produção cultural do Brasil, tornando o Brasil familiar aos brasileiros.

Retrato de Mário por Candido Portinari

CAPÍTULO VI
O enigma Brasil

Trezentos, trezentos e cinquenta. Tornar o Brasil familiar aos brasileiros como queriam os modernistas implicava familiarizar-se com o Brasil. E Mário de Andrade chegou ao Brasil de modo direto por meio de formas variadas, intelectual e sentimentalmente, em viagens pelo país, verdadeiras caravanas de descobertas do Brasil, e indiretamente ao redor das estantes e através de diversas leituras. Se bem que a própria contraposição usual entre o conhecimento direto que uma viagem pode propiciar e o indireto por meio de leituras ou experiências alheias não se sustenta muito facilmente em relação a Mário de Andrade. Ou seja, nele, as viagens e as leituras, que também são um tipo especial de viagem, pois envolvem deslocamentos de toda sorte, podem ser partes de uma mesma experiência de descoberta intelectual e sentimental do Brasil.

Assim, se as viagens realizadas por Mário de Andrade — ao Norte, em 1927, e especialmente ao Nordeste, em 1928, como veremos no próximo capítulo — constituíram um modo privilegiado de conhecimento do Brasil, isso não se fez, necessariamente, em oposição ao tipo de conhecimento que os livros proporcionaram. Podemos ilustrar esse fato, entre os muitos testemunhos desse processo de formação a um só tempo intelectual e sentimental, com o emblemático poema "Descobrimento" (1927), que Mário dedicou a Ronald de Carvalho. Nele, ao explicitar que a leitura de um livro "nacionalmente" composto — talvez o *Toda a América* do homenageado — e as ideias transmitidas por vias impressas possibilitam um tipo de identificação subjetiva especial por parte do leitor como pertencente a uma "comunidade de sentimento", Mário acaba por sugerir claramente o papel social das representações ideais na construção de novos conjuntos de valores sociais e, assim, de padrões de solidariedade de tipo nacional independentes dos contatos físicos entre seus membros:

Na casa da rua Lopes Chaves, Mário reuniu uma biblioteca com cerca de 17 mil volumes

> *Abancado à escrivaninha em São Paulo*
> *Na minha casa da Rua Lopes Chaves*
> *De supetão senti um friúme por dentro.*
> *Fiquei trêmulo, muito comovido*
> *Com o livro palerma olhando pra mim.*
> *Não vê que me lembrei que lá no norte, meu Deus! Muito longe*
>   [*de mim*
> *Na escuridão ativa da noite que caiu*

Um homem pálido magro de cabelo escorrendo nos olhos,
Depois de fazer uma pele com a borracha do dia,
Faz pouco se deitou, está dormindo
Esse homem é brasileiro que nem eu.

Mário de Andrade foi um estudioso autodidata por toda a vida. Nas décadas de 1920 e 30 concentrou-se no estudo crítico dos livros de Euclides da Cunha, Manuel Bomfim, Oliveira Vianna, Gilberto Freyre e outros ensaístas intérpretes do Brasil, sempre aproximando e distanciando as análises desses autores das pesquisas sobre folclore e cultura popular que vinha realizando. Estas, por sua vez, construídas também a partir do diálogo crítico que estabelecia com autores que o precederam no estudo do tema, como Sílvio Romero, Pereira da Costa, Mello Moraes Filho, Couto Magalhães, Koch-Grunberg e outros. No entanto, essas leituras brasileiras, por assim dizer, são apenas uma parte da vasta leitura que ajudou a dar forma a seu pensamento social e estético, alimentados também por leituras do marxismo à

A atenção à arte popular levou Mário a adquirir peças em suas viagens pelo Brasil ou por meio de amigos, como é o caso deste boi zebu

psicanálise, da antropologia à filosofia, e por leituras de muitas outras áreas.

É verdade que Mário de Andrade desconfiava e se mostrava extremamente crítico das generalizações apressadas e das sínteses prematuras sobre o Brasil, preferindo, antes, a análise detida de autor por autor, de obra por obra. É isso que diz em artigo de 1943 sobre Tristão de Ataíde, pseudônimo de Alceu Amoroso Lima, então considerado um dos mais importantes críticos literários do modernismo:

> Como crítico literário, Tristão de Ataíde sofria dos defeitos por assim dizer já tradicionais da crítica literária brasileira desde Sílvio Romero. Nesta barafunda, que é o Brasil, os nossos críticos são impelidos a ajuntar as personalidades e as obras, pela precisão ilusória de enxergar o que não existe ainda, a nação. Daí uma crítica prematuramente sintética, se contentando de generalizações muitas vezes apressadas, outras inteiramente falsas. Apregoando o nosso individualismo, eles **socializam tudo**. Quando a atitude tinha de ser de análise das personalidades e às vezes mesmo de cada obra em particular, eles sintetizavam as correntes, imaginando que o conhecimento do Brasil viria da síntese. Ora, tal síntese era, especialmente em relação aos fenômenos culturais, impossíveis: porque como sucede com todos os outros povos americanos, a nossa formação nacional não é natural, não é espontânea, não é, por assim dizer, lógica. Daí a imundície de contrastes que somos. Não é tempo ainda de compreender a alma-brasil por síntese.

Interessante essa ideia de que a "alma-brasil", ou a cultura brasileira, não se deixaria conhecer por meio de sínteses intelectuais apressadas. E a própria visão do Brasil como uma sociedade que não permitiria classificações demasiadamente ordeiras que lhe aparassem as arestas, simplificassem sua complexidade ou limpassem a "imundície de contrastes que somos". Como tudo o mais no pensamento social e estético de Mário de Andrade, e em sua trajetória intelectual, sua relação com o tema do conhecimento do Brasil é complexa e às vezes ambígua, não permitindo nunca explicações simplificadoras.

Isso também acontece com sua visão da viagem como forma de conhecimento sentimental e intelectual do Brasil. Assim, por exemplo, no prefácio que escreveu para *O turista aprendiz*, datado de 30 de dezembro de 1943 e com o relato revisto da sua viagem à Amazônia em 1927, um tipo de diário de bordo ficcionalmente transfigurado, Mário se define de forma paradoxal como um "antiviajante". Já na primeira entrada do diário redigida ainda em São Paulo e datada de 7 de maio de 1927, aparece a contraposição entre o que chama de "consciência lógica" e "consciência poética" e a afirmação derivada dela, e trabalhada em outros textos, de que, para ele, as "reminiscências de leitura me impulsionaram mais que a verdade". O que Mário procura sugerir é que, quando visitamos algum lugar pela primeira vez, embora essa seja uma experiência única, nunca será inteiramente direta, sem mediações, pois sempre levamos conosco representações desse lugar e mesmo lembranças próprias ou alheias colhidas em leituras e conversas. E mais ainda essas lembranças (as "reminiscências") — que não são necessariamente "lógicas", mas "poéticas" também — podem ser mais fortes ou contundentes do que aquilo que, enfim, constatamos *in loco* ao chegar a nosso destino de viajantes (a "verdade"). Vejamos o trecho destacado:

> Partida de São Paulo. Comprei pra viagem uma bengala enorme, de cana-da-índia, ora que tolice! Deve ter sido algum receio vago de índio [...] Sei bem que esta viagem que vamos fazer não tem nada de aventura nem perigo, mas cada um de nós, além da consciência lógica possui uma consciência poética também. As reminiscências de leitura me impulsionaram mais que a verdade, tribos selvagens, jacarés e formigões. E a minha laminha santa imaginou: canhão, revólver, bengala, canivete. E opinou pela bengala.

Mário em sua viagem à Amazônia, em 1927, região que fascinava sentimental e intelectualmente o autor de *Macunaíma*

Na mesma direção vai a crítica ao guia *Itinerário de Paris*, de Dante Costa, publicada no jornal *Diário de Notícias*, do Rio de Janeiro, em 31 de março de 1940. Nela, Mário de Andrade desenvolve a ideia de "conhecimento sensível", que torna relativa a autoridade derivada diretamente da observação. Vamos nos deter um pouco nesse texto. Na construção do argumento e nos recursos retóricos que Mário emprega para expor sua reflexão, entram calculadamente doses de dissimulada autocomiseração, fina ironia, algum recalque e por que não algum ressentimento. Isso exige do leitor a disposição para uma leitura atenta às armadilhas da narrativa, uma leitura crítica, uma vez que Mário também parece elogiar os preconceitos de sua época (e ainda em parte nossos) para, num primeiro lance, ganhar a adesão do leitor e, em seguida, expô-lo a seu próprio preconceito. Vejamos.

No primeiro movimento, Mário observa que não ter conhecido Paris constituía para ele, como para qualquer intelectual de sua época, quase um defeito moral, uma verdadeira tragédia, pois a capital francesa era então também a capital cultural da América Latina. Convivendo com artistas e intelectuais que conheciam Paris como "a palminha das mãos e a quem o ambiente espiritual parisiense era uma força quotidiana de pensamento", não raro se viu figurado como provinciano, e sua autoridade intelectual desaparecer diante de um simples "Você diz isso porque nunca esteve em Paris!". Completando o quadro, observa que uma vez Paulo Prado inventou que ele, Mário, chegando da Europa, ainda a bordo, com os braços no ar, gritava para os colegas modernistas: "Está tudo errado, rapaziada! Vamos recomeçar que agora eu sei direito as coisas!".

Mas, como esclarece, o que o aborrecia mesmo era que esse tipo de acusação ocorria sempre que algum de seus interlocutores "fosse levado a parede com minha lógica livresca", e "lá vinha minha ignorância de Paris como argumento de salvação". Isso anuncia o segundo movimento que se abre com a afirmação de que é "um forte engano isso de imaginarem que nunca estive em Paris", porque afinal era impossível que existisse naquele tempo um intelectual "ao qual as exigências de sua própria cultura não tenham dado o sentimento de Paris". Explicando esse "conhecimento sensível", não se trataria da mera derivação da leitura das descrições das experiências dos outros, mas antes de nós mesmos. Diz Mário:

> É a nossa inteligência, a nossa cultura e especialmente a nossa sensibilidade que, reagindo sobre dados menos didáticos e mais reais que uma descrição ou crítica, por exemplo, uma fotografia, um telegrama de jornal, um suspensório, um livro, um perfume, um selo de correio, e milhares de outros retalhos do concreto, até mesmo uma carta geográfica, provocam esse conhecimento sensível, que é a nossa própria realidade. Pode ela estar afastadíssima do real verdadeiro, nós jamais a abandonaremos nem mesmo depois de confrontada com a realidade. Para nós ela será sempre o real mais verdadeiro.

A interessante crítica ao guia de Paris para brasileiros é feita com ironia tão fina que, muito provavelmente, seu autor a tenha recebido como um elogio. Mas, quando é lida com atenção, percebe-se que a Paris de Dante Costa é tão discrepante da Paris sensível (apenas de Mário de Andrade?), que em vez da cidade cosmopolita e frenética, aberta aos valores estéticos de vanguarda e aos comportamentos transgressores em geral, o guia apresenta Paris como uma "cidade das crianças"! Isso mesmo. Segundo Mário de Andrade, o *Itinerário de Paris* compulsa crianças por toda a parte, buscando-as nos lugares tradicionais em que se reuniriam e noutros menos esperados. Por isso, ele afirma que "Paris mereceu bem mais este seu cronista (Dante Costa), que soube lhe desvendar as imagens mais puras e lhe completar a grandeza complexa que decorei ainda menino, assim que me despertaram maiores curiosidades do mundo e entrei em luta com a virtude".

Ainda na crítica ao *Itinerário de Paris*, para exemplificar seu argumento a respeito da importância do "conhecimento sensível", Mário de Andrade relata a "decepção desagradável" que experimentou diante da embocadura do rio Amazonas. Voltemos então à Amazônia para concluir este capítulo.

Observa Mário que a grandeza sublime do rio Amazonas aprendida nos livros era totalmente diferente da "aguinha suja" que viu pessoalmente, fazendo-o voltar a seu conhecimento sensível, à sua imagem desse rio, "única que sempre existiu para a minha realidade, única verdadeira". Desdobramento interessante da questão é perceber que sensações a leitura dos relatos de viagem dos outros sobre lugares que visitamos podem nos causar.

No texto sobre um livro de Gastão Cruls, publicado em sua coluna "Táxi", no *Diário Nacional*, em 5 de dezembro de 1919, Mário de Andrade nota que essa experiência pode causar duas formas de prazer, "conforme o lido já foi visto ou não". Se já foi visto, prossegue o autor,

> as frases se endereçam pro corpo da gente, a atividade intelectual quase se anula diante da força associativa das sensações refeitas. A gente permanece porventura mais afastado do escritor, porém certamente mais exato com a verdade. Isso está sucedendo comigo que através da escritura de Gastão Cruls

ando agora numa reviagem dolente e muito sensível pela Amazônia que eu vi.

Neste ponto vale fazer um pequeno parêntese para flagrar uma das muitas contradições de Mário de Andrade, deliciosas por certo, pois sempre um pouco autoconscientes e mesmo autoirônicas. Ele também não teria resistido a lançar mão do que chama de "preconceito do homem viajado", e do qual tantas vezes fora vítima dos seus amigos grã-finos que lhe diziam sem mais "Você diz isso porque nunca foi à Europa!". O episódio que nos interessa é narrado no artigo sobre a Amazônia citado anteriormente, no qual discutindo o tipo de autoridade conferido pelas viagens, o do "ter estado lá", Mário observa que, mesmo que o argumento do indivíduo viajado esteja inteiramente equivocado, é sempre bastante forte, "embora intelectualmente seja muitas vezes uma covardia". Diz ele:

> Covardia das mais perdoáveis, aliás, porque "ter estado lá" é uma volúpia. Percebi isso muito bem no dia que passaram aqui o filme do general Rondon, sobre o extremo norte da Amazônia. Tinha muita criança das escolas no teatro. E tanto uns sujeitos semissabidos comentaram errado certas coisas ao pé de mim que não me contive e virtuosamente corrigi uma tolice grande. Continuou a correção, um diálogo curto que me levou ao sublime "já estive lá". Ninguém mais não disse nada, a não ser um menino que, feitas as luzes pra mudança de rolo, olhou e sorriu pra mim. É incontestável que se o *Santa Helena* desabasse, o menino se salvava porque eu "tinha estado lá" e estava ali. Com a mudança que a idade

traz pras ideias, eu bem sabia que todos os meus vizinhos estavam na mesma ordem de... sensibilidade que o menino. Eu, calmo feito um rei.

Mário de Andrade na rede (saudades da fazenda), Lasar Segall

CAPÍTULO VII
Sentir e pensar o Brasil

Paisagem de Araraquara, desenho de Mário de Andrade da cidade onde tinha família e amigos, e onde fez uma primeira redação de seu *Macunaíma*

Trezentos, trezentos e cinquenta. Foi movido por suas reminiscências de leitura ou sua consciência sensível ou poética que Mário de Andrade fez suas viagens pelo Brasil. Lembremos que, quando viajou para a Amazônia, em 1927, já havia pelo menos uma redação adiantada de seu *Macunaíma* — todo ele construído, como vimos antes, com a junção de materiais de toda sorte e escritos alheios diversos. Voltaremos adiante a essa viagem. Vamos observar agora que, tirando as viagens dos outros, a começar pela viagem do avô Leite Moraes e a dos amigos modernistas — como Tarsila do Amaral, que durante suas viagens se correspondia com nosso autor —, e as suas escapadas rápidas para o interior, notadamente Araraquara, onde tinha família e amigos, para estações de água e para a então Capital Federal, as viagens mais importantes de Mário de Andrade foram feitas às hoje cidades históricas de Minas Gerais, em duas ocasiões diferentes, 1919 e 1924, à Amazônia, em 1927, e ao Nordeste, em 1928.

Já nos referimos à primeira viagem a Minas, quando Mário descobre o barroco em Mariana. A segunda delas, realizada durante a Quaresma e a Semana Santa de 1924, passou para a crônica do modernismo como uma viagem de "descoberta do Brasil". Com a caravana integrada por artistas modernistas paulistas e seus mecenas, como Tarsila do Amaral, Oswald de Andrade e o filho Nonê, Paulo Prado, dona Olívia Guedes Penteado, René Thiollier e Gofredo da Silva Telles, e também pelo poeta franco-suíço Blaise Cendrars, Mário pôde percorrer a Minas Gerais da tradição, deliciando-se com as cidadezinhas, as histórias, a música, a imaginária religiosa. A descoberta fundamental, porém, foi que o primitivismo estético, então valorizado pelas vanguardas da Europa, no nosso caso encontrava-se não em lugares distantes e exóticos, mas em nossa sensibilidade. A viagem teve efeitos profundos na pintura de Tarsila do Amaral, na poesia de Oswald de Andrade e também na poesia de Mário, notadamente em *Clã do jabuti*. Como exemplo, vejamos "Toada do Pai-do-mato", um dos poemas que formam "O ritmo sincopado" dedicado a Tarsila, e que mostram a recriação poética de Mário de uma lenda dos índios parecis na forma de uma toada, designação atribuída a uma cantiga de melodia simples e monótona:

A moça Camalalô
Foi no mato colher fruta
A manhã fresca de orvalho
Era quasi noturna.
— Ah...
Era quasi noturna...

Num galho de tarumã
Estava um homem cantando.
A moça sai do caminho
Pra escutar o canto
— Ah...
Ela escuta o canto...

Enganada pelo escuro
Camalalô fala pro homem:
Ariti, me dá uma fruta
Que eu estou com fome.
— Ah...
Estava com fome...

O homem rindo secundou:
— Zuimaalúti se engana,
Pensa que sou Ariti?
Eu sou Pai-do-Mato.

Era o Pai-do-Mato!

A viagem para a Amazônia, por sua vez, começou frustrante para Mário de Andrade, já que ele esperava uma ree-

A simplicidade da expressão popular vai ganhando sentido artístico nas mãos dos modernistas ligados a Mário de Andrade, como se vê nesta tela de Tarsila do Amaral chamada *O mamoeiro*

dição da caravana modernista de Minas Gerais. Somente a bordo, para sua surpresa, descobriu que viajaria sozinho com dona Olívia Guedes Penteado, dama da aristocracia cafeeira e mecenas dos modernistas paulistas, sua sobrinha e mais uma filha de Tarsila do Amaral. Além disso, para irritação de nosso autor, as situações protocolares e oficiais se repetiam de porto em porto do Brasil ao Peru, ou de estação em estação até a Bolívia, já que viajavam recomendados a todos os presidentes dos Estados (como então se chamavam os atuais governadores) por ninguém menos que o presidente da República, Washington Luís, amigo de dona Olívia.

Tudo isso descontado, a viagem ao Norte permitiu o contato de Mário de Andrade com uma parte do Brasil então pouco conhecida no restante do país, e que havia tempos despertava sua imaginação. Foi então que começou a escrever a narrativa *Balança, Trombeta e Battleship ou o descobrimento da alma*, que permaneceu inédita até 1994. Somadas as muitas reminiscências de leitura, a viagem ganhou sentido intelectual no âmbito mais amplo de uma civilização tropical ou de "utopia amazônica", como muito bem designa Telê Porto Ancona Lopez, e tomou forma em *Macunaíma*, *O turista aprendiz* e outros textos mais curtos relacionados ao tema.

Nessa utopia amazônica, certamente relacionada à visão de mundo mais ampla de Mário de Andrade e às transformações radicais pela qual sua própria sociedade paulista passava com o avanço do capitalismo industrial e a rápida substituição de padrões de temporalidade, sociabilidade, práticas e valores sociais, as antigas marcas negativas da civilização tropical sintetizada na Amazônia foram transfiguradas positivamente. É o caso do clima, como aparece nesta passagem: "Em Belém o calorão dilata os esqueletos e meu corpo ficou exatamente do tamanho da minha alma"; e também de forma mais emblemática o da preguiça, que ganha sentido contestatório diante da racionalização e da mecanização do tempo e das relações sociais e passa a ser vista como uma forma de ócio criativo.

Podemos acrescentar ainda o caso da malária. Mário de Andrade imaginava ver na prostração, depois dos acessos, certos estados fisiológicos e psíquicos capazes de acal-

Praia do Chapéu Virado, Belém, 22 de maio de 1927

mar a curiosidade associada ao progresso — princípio básico da civilização industrial — e produzir a indiferença valorizada como meio de contemplação. Certamente, essa reflexão inusitada sobre a doença, que Mário de Andrade chama de "filosofia da maleita", está associada, mais uma vez, a sua visão crítica à emergente sociedade capitalista industrial de então, mas também à empatia transformadora dos símbolos do atraso tropical que acaba por restituir dignidade a seus portadores, como é visto diversas vezes nos relatos de *O turista aprendiz*, em contraposição, por exemplo, ao que se lê em relatos de viagens de médicos à mesma região nessa época.

Vejamos os diferentes relatos sobre a malária desses dois tipos de viajantes.

No relatório de uma viagem científica promovida pelo Instituto Oswaldo Cruz em 1910, e liderada pelo próprio

Oswaldo Cruz, às localidades em que estava sendo construída a estrada de ferro Madeira-Mamoré, na Amazônia, Oswaldo Cruz observa que a malária ou impaludismo era o "mal da região" e atribuía a ele "toda a insalubridade" do lugar. Ele chama a atenção ainda para o fato de a doença estar incorporada no modo de vida da população, que sabe lidar com ela: "A região está de tal modo infectada, que sua população *não tem noção de que seja o estado hígido* e para ela a condição de ser enfermo constitui normalidade". Do ponto de vista médico-científico, isso parece inaceitável, já que a moléstia seria evitável por meio de medidas profiláticas, cujo emprego compulsório, isto é, contra a vontade da população, o sanitarista chega a defender. Vejamos, agora, um dos relatos de Mário de Andrade:

> E desejei a maleita, mas a maleita assim, de acabar com as curiosidades do corpo e do espírito. Foi assim. Nem bem chegamos a bordo, Trombeta veio logo alvoroçada avisar que estava no bar um moço maravilhoso de lindo [...] fomos ver o tal moço e era realmente de uma beleza extraordinária de rosto, meio parecido com Richard Barthelmess. Mas inteiramente devorado pela maleita, a pele dele, duma lisura absurda, era de um pardo terroso sem prazer. As meninas ficaram assanhadíssimas e, como deixavam todo mundo olhando e desejando elas, principiaram fazendo tudo para o rapaz ao menos virar o rosto e espiar. Pois ele não olhou. Todo o barulho que fazíamos nada o interessava sequer pra uma olhadela, não olhou. Pagou a bebida e saiu sem olhar [...] Então desejei ser maleiteiro, assim, nada mais me interessar neste mundo em que tudo me interessa por demais...

Difícil imaginar contraste maior sobre as antigas marcas negativas da civilização tropical sintetizada na Amazônia. Não se pense, porém, que a empatia transformadora dos símbolos do atraso tropical que Mário de Andrade manifesta e que acaba por restituir dignidade a seus portadores sociais, como no caso dos acometidos pela malária, signifique que ele tenha romantizado os problemas locais ou sido insensível ao sofrimento das populações e às precárias condições sociais em que viviam. Entre os vários registros que fez dessa viagem, vale citar um trecho de uma carta de Mário de Andrade ao musicólogo e folclorista Renato Almeida, que marca bem o impacto dessa experiência sobre sua visão da sociedade brasileira e seus problemas sociais:

> Enfim uma viagem sublime e bem humana. Há-de interessar mais você o que eu senti do que o que eu vi... Trago comigo mais problemas pra me aporrinhar, isso é que é. A gente na vida por um sequestro útil vai sempre abandonando certos problemas vitais pra depois e assim não se desperdiça muito. De repente vem bater mesmo na cara de você a percepção prática desses problemas e então a volta é cruel: o problema fica dependurado no nariz de você bimbalhando e adeus viola: você tem que pensar nele. E os problemas que eu trago a mais agora são todos tristes ou por outra todos se solucionam em realidades tristes que vi, patriotismos orgulhosos, ódios sem base em nenhuma realidade, ódios de ficção nacional no Peru, entusiasmos ridículos por um Brasil que não existe, divisões nacionais injustas, despeito e animosidade pelos estados que progri-

dem, chatezas, bolivianos de silêncio, despatriados dentro duma pátria subdividida entre duas influências estrangeiras, Argentina pra sudoeste e Brasil pra leste e brasileiros do Norte vivendo um *longing* terrível pelo Brasil de que não fazem parte senão virtualmente e numa saudade pelo passado da borracha e ilusoriamente imaginando que esse passado como Dom Sebastião não morreu, as culturas mais idiotas e idealistas que se pode imaginar destruídas, todas à beira-rio, destruídas pelas terras caídas.

A empatia com as terras e as águas visitadas, mas, sobretudo, com sua população mais desfavorecida socioeconomicamente, também é encontrada nos relatos da viagem que Mário de Andrade fez ao Nordeste em 1928, e que intitulou de "viagem etnográfica". Ao contrário da viagem feita no ano anterior, ao Norte, ele não reviu ou planejou a publicação em livro das notas da viagem etnográfica, embora elas tenham sido publicadas simultaneamente, conforme o seu deslocamento, no *Diário Nacional*, de São Paulo, numa coluna intitulada "O turista aprendiz".

Nessa viagem, a empatia com o povo era fundamental; ela estava voltada, sobretudo, para a pesquisa e a colheita de registros artísticos populares, ou folclóricos, notadamente os musicais. Na viagem, Mário recolhe documentos musicais em abundância: são melodias de cheganças, coco, caboclinho, congos, bumba meu boi e muitos outros; e conhece o coqueiro Chico Antonio, que o impressiona a ponto de ser transformado em personagem do romance abandonado *O café* e de *Vida do cantador* (1944). Todo o material etnográfico recolhido durante a viagem daria forma a seu *Na*

Mercado em Belém, 1927: "Em Belém o calorão dilata os esqueletos e meu corpo ficou exatamente do tamanho da minha alma", escreveu Mário em *O turista aprendiz*

pancada do ganzá, que planejou, mas também não chegou a publicar como já mencionamos antes. Vejamos um trecho que nos dá a visão ao mesmo tempo da empatia de Mário com a cultura popular e seus portadores sociais e seu método de trabalho no registro dessas manifestações:

> Pra tirar o "Boi Tungão", Chico Antonio geralmente se ajoelha. Parece que ele adivinhou o valor artístico e social sublimes dessa melodia que ele mesmo inventou e já está espalhada por toda essa zona de engenhos. Então se ajoelha pra cantá-la.
>
> Está na minha frente e se dirige a mim:

Ai, seu dotô
Quando chegá em sua terra
Vá dizê que Chico Antonio
É danado pra embolá!

!Oh-li-li-li-ô!
Boi Tungão
Boi do Maiorá!...

(Maiorá é o diabo).

Estou divinizado por uma das composições mais formidáveis da minha vida. Chico Antonio apesar de orgulhoso:

Ai, Chico Antonio
Quando canta
Istremece
Esse lugá...

Não sabe que vale uma dúzia de Carusos. Vem da terra, canta por cantar, por uma cachaça, por coisa nenhuma e passa uma noite cantando sem parada. Já são 23 horas e desde as 19 canta. Os cocos se sucedem tirados pela voz firme dele. Às vezes o coro não consegue responder na hora o refrão curto. Chico Antonio pega o fio da embolada, passa pitos no pessoal e "vira o coco". Com uma habilidade maravilhosa vai deformando a melodia em que está, quando a gente põe reparo é outra inteiramente, Chico Antonio virou o coco:

> *Quem quisé pegá u'a moça*
> *Ponha laço no caminho;*
> *Inda onte pequei uma*
> *Cum zoio de passarinho,*
> *Veja lá!...*
> *"-Pá-pá-pá-pá*
> *Meu rimá!..."*

Empatia, aliás, é uma categoria-chave para compreender a perspectiva não apenas do viajante, mas também do intelectual e homem Mário de Andrade. Empatia forjada num complexo jogo de distanciamentos e aproximações, e não apenas deslocamentos; de estranhamentos e reconhecimentos, e não apenas de identificações. No momento, basta assinalar alguns sentidos que vão se esboçando pelas relações de empatia que ele manifesta, sobretudo, com os homens e as mulheres do povo e suas formas de sociabilidade, crenças e expressões artísticas populares que podem ajudar a problematizar certas leituras mais apressadas de suas relações intelectuais e sentimentais com o universo popular. Sim, empatia com o povo, já que os contatos que Mário se vê obrigado a manter com o mundo oficial e com as autoridades locais são, em geral, marcados por impaciência e irreverência subversivas, como sugere o modo irônico e mesmo cômico como são quase sempre relatados. Vejamos o que ele diz na chegada a Iquitos, no Peru:

> Caceteações de recepção oficial, uma centena de apresentações. O presidente da província, todo de branquinho, um peruanito pequetito, chega, vai no salão, senta troca trinta e

quatro palavras com dona Olívia, se levanta militarmente e parte. Então o secretário dele ou coisa que o valha, me avisa que ele espera em palácio, a retribuição da visita dentro de duas horas exatas! Como os reis em Londres ou na Itália, viva o protocolo! [...] Homem! Sei que sentei na cama desanimado, me deu vontade de chorar, de chamar por mamãe... Em palácio, recepção alinhada, tudo de branco. Tive que fazer de novo o improviso que fizera pela primeira vez em Belém e repetira já várias vezes, sempre que encontrava discurso para dona Olívia pela frente.

Mas a empatia de Mário de Andrade durante suas viagens pelo "popular", digamos assim, em primeiro lugar, não se dilui num fetiche de sua suposta "autenticidade" e de suas expressões artísticas. Como sugere, entre outros, o episódio que deixou anotado na entrada de 1º de agosto, sobre a necessidade de aperfeiçoar os objetos indígenas vendidos no mercado de Belém, já que "falsificando que a gente consegue tornar estas coisas de mais valor"; ou, na viagem ao Nordeste, as inúmeras aproximações ao universo cultural popular, especialmente o musical, para não falar da deliciosa descrição que faz do "fechamento de corpo" a que se submeteu numa macumba em Natal, na entrada datada de 28 de dezembro, onde anota a mistura cômica mas poética de sinceridade e charlatanismo da cerimônia religiosa. Como bem marca o desfecho do relato do episódio: "Foram bonitezas e ridículos, cantos e rezas e quase duas horas imperceptíveis de sensações e divertimentos pra mim. Preço: 30 mil-réis".

Em segundo lugar, o respeito que Mário de Andrade manifesta pelas diferenças culturais, pelas crenças e pelos costumes populares, e até mesmo a valorização de alguns deles em detrimento dos "paulistas" (da região Sudeste), também não o leva a ignorar em seus relatos a desigualdade social e a situação material de extrema penúria que presencia. Como sugere a entrada do dia 15 de junho, em que relata sua conversa com o senhor idoso e enfermo de *Remate de males*, que viajava na terceira classe do navio ("só quem sabe mesmo alguma coisa é gente ignorante de terceira classe"); ou ainda numerosas passagens da viagem ao Nordeste, como a relativa à vida nos mocambos no Recife, no relato de 12 de dezembro, ou à situação de penúria material dos sertanejos, nos relatos de 21 e 22 de janeiro. Isso para não falar de vários diálogos escritos por Mário de Andrade, em que ele não se limita a transcrever entre aspas as falas das pessoas da região para diferenciá-las e hierarquizá-las em relação à sua própria fala; e também de alguns diálogos em que o autor emprega esse modo de falar de acordo com o ponto de vista preconceituoso de seu grupo social em relação às culturas locais, provavelmente o mesmo do seu leitor ideal, para expor-se ao ridículo diante da perspicácia com que seu interlocutor nativo consegue defender-se e expor a fragilidade dos argumentos de seu antagonista. Isso é sugerido exemplarmente no diálogo com o indígena em Nanay, recriado na entrada de 24 de junho de *O turista aprendiz*. Vale a pena citar um trecho desse longo diálogo:

> — ... O senhor ontem falou pra aquele moço que quase não tem boca, que era pena ver a gente, preferia ver Inca...
> — [...] Falei sim. Os Incas são um povo grande, de muito valor. Vocês são uma raça decaída.

"Em casa de Cascudo", Natal, 1929. A viagem ao Nordeste, chamada por Mário de "etnográfica", é central em sua trajetória e sela sua amizade com o folclorista Câmara Cascudo

Ele molhou os olhos nos meus sério:
— O que é "decaída"?
— É isso que vocês são. Os Incas possuíam palácios grandes. Possuíam anéis de ouro, tinham cidades, imperadores vestidos com roupas de plumas, pintando deuses e bichos de cor. Trabalhavam, sabiam fiar, faziam potes muito finos, muito mais bonitos que os de vocês. Tinham leis...
— O que que é "leis"?

— São ordens que os chefes mandam que a gente cumpra, e a gente é obrigado a cumprir senão toma castigo. A gente é obrigado a cumprir essas ordens porque elas fazem bem pra todos.
— Será?
— Será o quê?
— Será que elas fazem mesmo bem pra todos...
Os olhos dele estavam insuportáveis de malícia.
— Fazem sim. Se você tem casa e tem mulher, então é direito que um outro venha e tome tudo? Então o imperador baixa uma ordem que o indivíduo que rouba a casa e a mulher do outro tem de ser morto: isso é que é uma lei.
— O senhor vai botar tudo isso na cantiga, é?
— De-certo.
— A gente possui lei também.
— Mas são decaídos, não fazem nada. Onde se viu passar o dia dormindo daquela forma. Por que vocês não fazem tecidos, vasos bonitos... Uma casa direita, de pedra, e não aquela maloca suja, duma escureza horrorosa...
O huitôta se agitou um bocado. Agarrou remando com muita regularidade, olhos baixos pra esconder a ironia luminosa que morava nos olhos dele. E se pôs falando com a monotonia das remadas, depois de acalmar a expressão e poder me olhar sério de novo:
— Moço, pode botar tudo isso na cantiga, que está certo pro senhor... Se o senhor me entendesse na minha fala eu contava melhor... Vossa fala, sei pouco. O senhor fala que a gente é decaída porque não possui mais palácio, está certo, porém os filhos do Inca também não possuem mais palácios não, só malocas.

Os aspectos anteriormente assinalados das relações de empatia com o povo e o popular nas viagens ao Norte e ao Nordeste são duradouros na obra e na trajetória de Mário de Andrade e permanentes em sua interpretação do Brasil. As viagens de Mário pelo Brasil, que são também formas de meditação sobre a sociedade, consolidam sua comunhão com a arte do povo e seu empenho em promover o reconhecimento de sua dignidade e de seus portadores sociais. E isso até o ponto de comprometer o sentido do seu próprio ofício, como quando diante da miséria da seca sertaneja nordestina, assume:

> Tenho feito e continuarei fazendo muita literatura. Aqui não. Repugna minha sinceridade de homem fazer literatura diante desta monstruosidade de grandezas que é a seca sertaneja do Nordeste. Que miséria e quanta gente sofrendo... É melhor parar. Meu coração está penando por demais...

"Eu, tomado de acesso do herói", disse Mário sobre esta foto sua na Amazônia, em 1927

CONSIDERAÇÕES FINAIS

Combater "a moléstia de Nabuco", esse é um bom combate para ajudar a tornar o Brasil familiar aos brasileiros. O leitor poderá estranhar, mas se hoje parece óbvio que a cultura produzida no Brasil seja brasileira, ou possa ser entendida como tal, isso se deve também à atuação dos modernistas. Eles deram visibilidade, colocaram em discussão e problematizaram os tradicionais mecanismos sociais de transplante cultural numa sociedade de matriz colonial como a brasileira, sempre em busca dos últimos modismos europeus ou norte-americanos. E cuja adoção, ou macaqueação como então se dizia, porém, nunca alcançou êxito, dadas as muitas e incontornáveis particularidades e complexidades da sociedade brasileira. Mas os modernistas também contribuíram para evidenciar e problematizar os mecanismos de segmentação regional na sociedade brasileira, o que levou Mário de Andrade à sua utopia de "desgeografar" o Brasil. Mas "desgeografar" não apenas o espaço geográfico, aproximando as diferentes regiões, como também o espaço social em sua complexidade, aproximando as gentes, as práticas culturais, a língua escrita das faladas, o erudito do popular etc.

Esses elementos se mostraram imprescindíveis para a sociedade brasileira enfrentar o desafio de se reconstruir modernamente como um Estado-nação. Desafio em certo sentido ainda aberto a nossa sociedade e, mesmo na primeira metade do século xx, em nada modesto, dados os dilemas históricos formativos de nossa sociedade. Assim, o modernismo procurou, em grande medida, completar, cem anos depois, a obra que nem mesmo a independência política do país, em 1822, havia conseguido realizar, tão profundamente marcada ela estava por sua condição colonial de origem. A nota ambígua desse empenho moral e intelectual, porém, seria dada pelo ritmo de um processo de modernização que tanto exigia como parecia tornar obsoleta a ideia de uma cultura nacional autocentrada e de um concerto harmônico das nações, como observou o crítico literário Roberto Schwarz. Afinal, em vez da contribuição local à diversidade das culturas, veio à tona e em grande medida persiste a história da má-formação nacional como parte da "marcha grotesca ou catastrófica" do capitalismo, e que envolve o imperialismo de uns e a dependência econômica, política e cultural de outros. Ambiguidade em relação à qual também Mário de Andrade, como homem de seu tempo, não conseguiu fugir completamente.

Mas aqui, talvez, se coloque o principal desafio aos intérpretes contemporâneos e às futuras gerações de estudiosos da fascinante obra de Mário de Andrade: buscar, depois de pesar suas contribuições para a construção da moderna ideia de cultura nacional e mesmo de identidade brasileira, sentidos mais permanentes de sua contribuição que ainda possam nos interpelar hoje. Embora tenham cumprido muito bem seu papel de situar Mário de Andrade como parte de seu tempo, leituras desse tipo levaram muitas vezes à sugestão de que o significado de sua obra se esgotaria

Filhos de caipira: foto de Mário feita em Araraquara em 1930

Fascinado com os cantadores nordestinos, Mário planejou uma série de publicações sobre a sua cultura musical. Aqui, foto do cantador de cocos Chico Antonio (segurando o ganzá) e do crítico de arte Antonio Bento, feita em sua viagem ao Rio Grande do Norte, em 1929

em sua identidade histórica. Mas para nós, seus leitores da segunda década do século XXI, Mário de Andrade existe e é relido no *presente*, e sua obra pode, desse modo, constituir um espaço social de comunicação entre diferentes momentos da sociedade brasileira, entre seu *passado* e seu *futuro*.

Não se considere, no entanto, que o desejo e o interesse de conhecer o Brasil, de senti-lo, de nele atuar e de torná-lo mais familiar aos brasileiros sejam elementos apaziguadores do fraturado e multiplicado Mário de Andrade. Nada mais longe disso. Vejamos um registro da viagem ao

Nordeste em 1928 para baralhar um pouco as coisas aqui no final. Diz nosso autor:

> O resto não se conta, são carinhos de amizade, gente suavíssima que me quer bem, que se interessa pelos meus trabalhos, que me proporciona ocasiões, de mais dizer que o Brasil é uma gostosura de se viver. Vai mal? Acho que vai. Acho que vai e sofro. Porém sofrimento jamais perturbou felicidade, penso muito nos meus sofrimentos de brasileiro e eles fazem parte da minha felicidade do mundo. Que eu tivesse que escolher uma pátria de-certo não escolhiá o Brasil não, eu, homem sem pátria graças a Deus. Tenho vergonha de ser brasileiro... Mas estou satisfeito de viver no Brasil. O Brasil é feio mas gostoso.

Brasilidade não é sinônimo de nacionalismo ingênuo e tampouco de patriotismo. As tensões e as ambiguidades de Mário de Andrade e sua relação com o Brasil são constitutivas de seu pensamento e de sua ação, como muitas delas são constitutivas do próprio Brasil. E querer aparar suas arestas, para facilitar uma visão de conjunto da interpretação do Brasil que Mário de Andrade construiu ao longo de sua trajetória, é perder sua complexidade ímpar, sua verdadeira riqueza.

Como bem pondera o escritor italiano Italo Calvino, se toda "releitura de um clássico é uma leitura de descoberta", não é "clássico" justamente aquele livro (ou interpretação) que, entre outras coisas, "nunca terminou de dizer aquilo que tinha a dizer"? Para continuarmos a aprender com aquilo que Mário de Andrade decerto ainda não terminou de dizer, porém, é preciso cuidado para não o tornar demasiadamente ortodoxo ou oficial. Ele não foi apenas um intelectual a favor de seu tempo como uma contextualização radical de sua obra e trajetória poderá levar a crer; mas foi uma personalidade dilacerada e multiplicada a um só tempo, que escreveu e atuou também contra seu tempo, e muito. Se para abrasileirar o Brasil Mário de Andrade se bateu com a sociedade, os valores, as práticas e os homens então dominantes, mais do que no tema da identidade nacional, ou da autenticidade da cultura brasileira, temos muito ainda a aprender com o gesto, o movimento, o sentido que o animava. Se ele valorizou a cultura popular, ou buscou diluir criticamente as fronteiras entre erudito e popular, o interesse dessa sua contribuição não se extingue nas manifestações que colheu ou colecionou, mas antes no reconhecimento que provocou delas e na dignidade que conferiu a seus portadores sociais como parte de um projeto de nação, o que numa sociedade tão desigual e pouco democrática como a brasileira mesmo hoje está longe de ser trivial. O congraçamento de Mário de Andrade com a gente sofrida e alegre do povo, como tão bem observou o ensaísta e escritor Silviano Santiago, visava a um destino mais amplo para o próprio Brasil, nada mais nada menos do que dar-lhe uma "alma".

Citando novamente a carta em que Mário procurava combater a "moléstia de Nabuco" no jovem Carlos Drummond de Andrade, descrevendo a gênese de seu poema "Carnaval carioca", escrito em 1924, ele diz: "Nós temos que dar ao Brasil o que ele não tem e que por isso até agora não viveu, nós temos que dar uma alma ao Brasil e para isso todo sacrifício é grandioso, é sublime. E nos dá felicidade".*

Enfim, para fazer uma distinção simplista, não são apenas os "conteúdos", mas a "forma" do empenho intelectual e moral de Mário de Andrade, que parece assumir até mesmo um sentido sacrifical na sociedade brasileira, que deve nos interessar. Não resta dúvida de que parte de sua atualidade se deve àquilo que a obra e a trajetória de Mário de Andrade foram, ou são, historicamente, mas não apenas porque elas encerram alguns ensinamentos sobre o que o Brasil é. Mas antes porque elas nos oferecem recursos por meio dos quais podemos pensar nosso cotidiano, nossos dilemas, ambiguidades e contradições resultantes de nossa inserção no mundo contemporâneo. Mário de Andrade, o Mário de Andrade dividido que soube se multiplicar, bem meditado, é bom mesmo para pensar e recriar o Brasil. Eu sou trezentos...

Eu sou trezentos, sou trezentos-e-cinquenta,
As sensações renascem de si mesmas sem repouso,
Oh espelhos, oh! Pirineus! Oh caiçaras!
Si um deus morrer, irei no Piauí buscar outro!

---

* Transcrevo a passagem da carta de Mário a Drummond sobre o poema "Carnaval carioca": "Mas havia uma negra moça que dançava melhor do que os outros. Os jeitos eram os mesmos, mesma habilidade, mesma sensualidade, mas ela era melhor. Só porque os outros faziam aquilo um pouco decorado, maquinizado, olhando o povo em volta deles, um automóvel que passava. Ela, não. Dançava com religião. Não olhava pra lado nenhum. Vivia a dança. E era sublime. Este é um caso em que tenho pensado muitas vezes. Aquela negra me ensinou o que milhões, milhões é exagero, muitos livros não me ensinaram. Ela me ensinou a felicidade".

Abraço no meu leito as milhores palavras,
E os suspiros que dou são violinos alheios;
Eu piso a terra como quem descobre a furto
Nas esquinas, nos táxis, nas camarinhas seus próprios beijos!

Eu sou trezentos, sou trezentos-e-cinquenta,
Mas um dia afinal eu toparei comigo...
Tenhamos paciência, andorinhas curtas,
Só o esquecimento é que condensa,
E então minha alma servirá de abrigo.

Mário na Pauliceia, Anita Malfatti

LEIA MAIS

ANDRADE, Mário de. "Tupinambá". *Ariel. Revista de Cultura Musical*, nº 5, São Paulo, Campassi & Camin, fev. 1924.

_____. *O empalhador de passarinho*. São Paulo: Martins; Brasília: Instituto Nacional do Livro, 1972.

_____. *Aspectos da música brasileira*. São Paulo: Martins, 1975.

Capa do livro *Amar, verbo intransitivo*, de 1927

_____. *Música, doce música*. São Paulo: Martins, 1976.

_____. *O turista aprendiz*. Estabelecimento de texto, introdução e notas de Telê Porto Ancona Lopez. São Paulo: Duas Cidades/ Secretaria da Cultura, Ciência e Tecnologia, 1976.

_____. *Táxi e crônicas no* Diário Nacional. Estabelecimento de texto, introdução e notas de Telê Porto Ancona Lopez. São Paulo: Duas Cidades/Secretaria da Cultura, Ciência e Tecnologia, 1976.

_____. *Aspectos da literatura brasileira*. São Paulo: Martins, 1978.

_____. *Mário de Andrade: cartas de trabalho. Correspondência com Rodrigo Mello Franco de Andrade (1936-1945)*. Brasília: Fundação Nacional Pró-Memória, 1981.

_____. *De* Pauliceia desvairada *a* Café: *poesias completas*. São Paulo: Círculo do Livro, 1982.

ANDRADE, Mário de. *Amar, verbo intransitivo. Idílio.* Belo Horizonte: Itatiaia, 1982.

_____. *Danças dramáticas do Brasil.* Organização de Oneida Alvarenga. Belo Horizonte: Itatiaia; Brasília: Instituto Nacional do Livro, 1982, 3 t.

_____. *Entrevistas e depoimentos.* Organização de Telê Porto Ancona Lopez. São Paulo: T. A. Queiroz, 1983.

_____. *As melodias do boi e outras peças.* Preparação, introdução e notas de Oneida Alvarenga. São Paulo: Duas Cidades; Brasília: Instituto Nacional do Livro, 1987.

_____. *Macunaíma, o herói sem nenhum caráter.* Paris: Association Archives de la Littérature latino-américaine, des Caraïbes et africaine du XX.e siècle; Brasília: CNPq, 1988.

_____. *"Tudo está tão bom, tão gostoso". Postais a Mário de Andrade.* Organização de Marcos Antonio de Moraes. São Paulo: Hucitec/Edusp, 1993.

_____. *Vida literária.* Organização de Sonia Sachs. São Paulo: Hucitec, 1993.

_____. *Mário de Andrade: fotógrafo e turista aprendiz.* Organização de Telê Porto Ancona Lopez. São Paulo: IEB/VITAE/Banco Safra, 1993.

_____. *Correspondência Mário de Andrade & Manuel Bandeira.* Organização de Marcos Antonio de Moraes. São Paulo: Edusp/IEB-USP, 2000.

_____. *Correspondência Mário de Andrade & Tarsila do Amaral.* Organização de Marcos Antonio de Moraes. São Paulo: Edusp/IEB-USP, 2001.

_____. *Carlos e Mário: correspondência entre Carlos Drummond de Andrade — inédita — e Mário de Andrade: 1924-1945.* Organização de Lélia Coelho Frota. Rio de Janeiro: Bem-Te-Vi, 2002.

_____. *Pequena história da música.* Belo Horizonte: Itatiaia, 2003.

ANDRADE, Mário de. *Ensaio sobre a música brasileira*. Belo Horizonte: Itatiaia, 2006.

_____. *Pio & Mário diálogo da vida inteira. A correspondência entre o fazendeiro Pio Lourenço Corrêa e Mário de Andrade (1917- -1945)*. São Paulo: Edições SESC-SP; Rio de Janeiro: Ouro sobre Azul, 2009.

BARBATO JR., Roberto. *Missionários de uma utopia nacional-popular. Os intelectuais e o Departamento de Cultura de São Paulo*. São Paulo: Annablume/Fapesp, 2004.

BARBOSA, Francisco de Assis. "Testamento de Mário de Andrade e outras reportagens". In: *Os Cadernos de Cultura*. Rio de Janeiro: MEC, 1954.

BATISTA, Marta Rossetti (Org.). *Coleção Mário de Andrade: artes plásticas*. São Paulo: IEB-USP, 1998.

_____. *Coleção Mário de Andrade: religião e magia, música e dança, cotidiano*. São Paulo: Edusp/Imprensa Oficial do Estado de São Paulo, 2004.

BERRIEL, Carlos Eduardo O. *Dimensões de Macunaíma: filosofia, gênero e época*. Dissertação de Mestrado. Campinas: IEL-Unicamp, 1987.

BOTELHO, André. *Aprendizado do Brasil. A nação em busca dos seus portadores sociais*. Campinas: Editora da Unicamp, 2002.

_____. *O Brasil e os dias: Estado-Nação, modernismo e rotina intelectual*. Bauru: EDUSC, 2005.

BRITO, Mário da Silva. *Diário intemporal*. Rio de Janeiro: Civilização Brasileira, 1970.

CALVINO, Italo. *Por que ler os clássicos?* São Paulo: Companhia das Letras, 2004.

CARNICEL, Amarildo. *O fotógrafo Mário de Andrade*. Campinas: Editora da Unicamp, 1994.

CASCUDO, Luís da Câmara. *Câmara Cascudo e Mário de Andrade: cartas 1924-1944*. Organização de Marco Antonio de Moraes. São Paulo: Global, 2010.

CASTRO, Moacir Werneck de. *Mário de Andrade. Exílio no Rio*. Rio de Janeiro: Rocco, 1989.

CAVALCANTI, Maria Laura Viveiros de Castro. "Cultura popular e sensibilidade romântica: as danças dramáticas de Mário de Andrade". *Revista Brasileira de Ciências Sociais*, vol. 19, nº 54, fev. 2004, pp. 57-78.

COLI, Jorge. *Música final. Mário de Andrade e sua coluna jornalística Mundo Musical*. Campinas: Editora da Unicamp, 1998.

COSTA LIMA, Luís. *Lira e antilira (Mário, Drummond, Cabral)*. Rio de Janeiro: Civilização Brasileira, 1968.

DUARTE, Paulo. *Mário de Andrade por ele mesmo*. São Paulo: Hucitec/ Secretaria de Cultura, Ciência e Tecnologia, 1977.

EULÁLIO, Alexandre. *A aventura literária de Blaise Cendrars*. São Paulo: Edusp /Fapesp, 2001.

GOMES, Ângela de Castro. *Essa gente do Rio... Modernismo e nacionalismo*. Rio de Janeiro: Editora Fundação Getulio Vargas, 1999.

GONÇALVES, José Reginaldo Santos. *A retórica da perda: os discursos do Patrimônio Cultural no Brasil*. Rio de Janeiro: Editora da UFRJ/Ministério da Cultura/IPHAN, 2003.

HARDMAN, Francisco Foot. "Antigos modernistas". In: NOVAES, A. (Org.). *Tempo e história*. São Paulo: Companhia das Letras, 1996, pp. 289-305.

JARDIM, Eduardo. *Mário de Andrade: a morte do poeta*. Rio de Janeiro: Civilização Brasileira, 2005.

LAFETÁ, João Luiz. *Figuração da intimidade: imagens na poesia de Mário de Andrade*. São Paulo: Martins Fontes, 1986.

LIMA, Nísia Trindade; SCHWEICKARDT, Júlio César. "Os cientistas brasileiros visitam a Amazônia: as viagens científicas de Oswaldo Cruz e Carlos Chagas (1910-1913)". *História, Ciências, Saúde — Manguinhos*, v. 14, dez. 2007, suplemento, pp. 15-50.

LOPEZ, Telê Porto Ancona. *Mário de Andrade: ramais e caminhos*. São Paulo: Duas Cidades, 1972.

LOPEZ, Telê Porto Ancona. *Máriodeandradiando*. São Paulo: Hucitec, 1996.

MARTINS, Marcelo Adriano. *Duas trajetórias, um modernismo musical? Mário de Andrade e Renato Almeida*. Dissertação de Mestrado. Rio de Janeiro: PPGSA/IFCS/UFRJ, 2009.

MELLO E SOUZA, Antonio Candido de. "A revolução de 30 e a cultura". In: *A educação pela noite e outros ensaios*. Rio de Janeiro: Ouro sobre Azul, 2006, pp. 219-40.

_____."Lembrança de Mário de Andrade". In: *O observador literário*. Rio de Janeiro: Ouro sobre Azul, 2008, pp. 91-6.

MELLO E SOUZA, Gilda de. *O tupi e o alaúde: uma interpretação de Macunaíma*. São Paulo: Duas Cidades/Editora 34, 2003.

_____. "O professor de música". In: *A ideia e o figurado*. São Paulo: Duas Cidades/Editora 34, 2005.

MICELI, Sergio. "Mário de Andrade: a invenção do moderno intelectual brasileiro". In: BOTELHO, André; SCHWARCZ, Lília M. (orgs.). *Um enigma chamado Brasil. 29 intérpretes e um país*. São Paulo: Companhia das Letras, 2009, pp. 160-73.

MORAES, Joaquim de A. L. *Apontamentos de viagem*. Organização de Antonio Candido. São Paulo: Companhia das Letras, 1999.

MORAES, Marcos Antonio de. *Orgulho de jamais aconselhar. A epistolografia de Mário de Andrade*. São Paulo: Edusp/Fapesp, 2007.

NAVES, Santuza C. *O violão azul: modernismo e música popular*. Rio de Janeiro: Editora Fundação Getulio Vargas, 1998.

NOGUEIRA, Maria G. P. *Edição anotada da correspondência Mário de Andrade e Renato de Almeida*. Dissertação de Mestrado. São Paulo: FFLCH-USP, 2003.

SANDRONI, Carlos. *Mário contra Macunaíma*. São Paulo: Vértice, 1988.

SANDRONI, Luciana. *O Mário que não é de Andrade*. São Paulo: Companhia das Letras, 2001.

SANTIAGO, Silviano. "Mário, Oswald e Carlos, intérpretes do Brasil". *Alceu*, v. 5, nº 10, jan.-jun. 2005, pp. 5-17.

SCHWARTZ, Jorge. *Vanguardas latino-americanas: polêmicas, manifestos e textos críticos*. São Paulo: Iluminuras/Edusp/Fapesp, 1995.

SCHWARZ, Roberto. *Que horas são? Ensaios*. São Paulo: Companhia das Letras, 1987.

TRAVASSOS, Elizabeth. *Os Mandarins Milagrosos: arte e etnografia em Mário de Andrade e Bela Bartók*. Rio de Janeiro: Funarte/Jorge Zahar, 1997.

WISNIK, José Miguel. *O coro dos contrários: a música em torno da Semana de 22*. São Paulo: Duas Cidades/Secretaria da Cultura, Ciência e Tecnologia, 1977.

CRONOLOGIA DE APOIO*

Aleijadinho foi um dos temas de toda a vida de Mário. Esta foto da Igreja Nossa Senhora do Carmo em Ouro Preto, obra do artista mineiro, fez parte do seu arquivo pessoal

1893   Nasce Mário Raul de Moraes Andrade em 9 de outubro, na casa da rua Aurora, 320, no centro de São Paulo. É o segundo dos quatro filhos do casal Maria Luísa de Almeida Leite Moraes e Carlos Augusto de Andrade.

---

* Versão elaborada a partir da *Cronologia — Vida e obra*, disponível na página do IEB-USP: <www.ieb.usp.br>.

1904 Primeiro poema.
Fiorí de-la-pá!
Jení-transféli gúidi nus-pigórdi,
Jení-trans... féli-guinórdi,
Jení!"
Manuscrito, cópia do autor.

1905 Ingresso no Ginásio Nossa Senhora do Carmo dos irmãos maristas.

1909 Forma-se bacharel em Ciências e Letras pelo Ginásio Nossa Senhora do Carmo.
Multiplica leituras e passa a cuidar com avidez de sua formação: frequenta concertos e conferências.
Estuda piano em casa com a mãe e a tia.
Torna-se congregado mariano.

1910 Frequenta o primeiro ano da Faculdade de Filosofia e Letras de São Paulo, vinculada à Universidade de Louvain, no Mosteiro de São Bento.
Começa a formar sua biblioteca.

1911 Entra para o Conservatório Dramático e Musical, habilitado para o terceiro ano de piano. Mário também deseja ser concertista.

1912 Sócio-fundador da Sociedade de Cultura Artística.

1913 Morte do irmão Renato.
Torna-se professor de piano e história da música no Conservatório. Desiste da carreira de concertista.

1915   Publicação do primeiro texto, crítica musical, na imprensa, no *Jornal do Commercio*.

1916   Reservista do Exército, faz exercícios militares como voluntário, durante a Primeira Guerra Mundial.
Congregado mariano, pede autorização para ler obras constantes do *Index*, entre as quais: *Madame Bovary, Salambô, Dictionnaire Larousse, Reisebilder, Neue Gedichte*.

1917   Morte do pai, em 15 de fevereiro.
Publica, sob o pseudônimo Mário Sobral, *Há uma gota de sangue em cada poema*.
Encontro com Oswald de Andrade que leva artigos seus para o *Jornal do Commercio*.
Exposição de Anita Malfatti e o despertar para as vanguardas. Mário faz várias e demoradas visitas às obras, tornando-se amigo da pintora.
Forma-se professor de piano e dicção.

1918   Apresenta a primeira audição de seus alunos de piano no Conservatório.
Publica em *A Gazeta*, em que colabora como crítico de música, o artigo "A divina preguiça", primeira valorização do ócio criador que vicejará em *Macunaíma* e no "Rito do irmão pequeno".

1919   Viagem a Minas Gerais, onde encontra a obra de Aleijadinho e visita Alphonsus de Guimaraens.
Escreve *A arte religiosa no Brasil*.
Colaboração em jornais e revistas.

1920   Colabora em várias revistas; entre elas, *Papel e Tinta*, primeira reunião dos modernistas paulistanos, na *Revista do*

Brasil, de Paulo Prado e Monteiro Lobato, em São Paulo, e na *Ilustração Brasileira*, do Rio de Janeiro.

Em dezembro, escreve os poemas de *Pauliceia desvairada*, um dos primeiros livros modernistas brasileiros.

1921 Muda-se para a casa da rua Lopes Chaves (Barra Funda), em companhia da mãe e da tia-madrinha, Ana Francisca de Almeida Leite Moraes.

Em 27 de maio sai do anonimato através do artigo de Oswald de Andrade "Meu poeta futurista", no *Jornal do Commercio*. No mesmo periódico, Mário responde ao amigo com "Futurismo?", em 6 de junho, repudiando rótulos estéticos e firmando sua própria pesquisa da modernidade.

Escreve "Mestres do passado", série de artigos no *Jornal do Commercio* criticando os parnasianos.

Conhece Manuel Bandeira no Rio, em outubro, quando, na casa de Ronald de Carvalho, ocorre a leitura de *Pauliceia desvairada*.

1922 Torna-se professor catedrático de estética e história da música, no Conservatório Dramático e Musical de São Paulo.

Participa da Semana de Arte Moderna em fevereiro, quando, além de recitar a "Ode ao burguês", de *Pauliceia desvairada*, teria apresentado uma primeira versão de *A escrava que não é Isaura*.

Conceituado professor de piano, ante a repercussão da Semana na mentalidade acanhada da cidade, perde alunos particulares.

Publica, reunindo as economias, *Pauliceia desvairada*, com o "Prefácio interessantíssimo".

1923   Escreve o poema "Carnaval carioca".
Publica "Crônicas de Malazarte" e dois contos de Belazarte na *América Brasileira*, revista carioca.
Faz parte da revista especializada em música *Ariel*, de São Paulo.
Anita Malfatti, Zina Aita e Beatriz Scherman retratam Mário de Andrade.
Completa a redação de *A escrava que não é Isaura*, poética modernista.
Oswald de Andrade e Sérgio Milliet, que vivem em Paris, põem Mário em contato com Blaise Cendrars, Ivan Goll e Marinetti; troca de livros e dedicatórias.

1924   Viagem da "descoberta do Brasil": Mário, Oswald de Andrade, Tarsila do Amaral e amigos modernistas de São Paulo, acompanhando Blaise Cendrars, passam a Semana Santa em Minas Gerais; visitam as cidades históricas e povoaçõezinhas servidas pelo trem.
Empenha-se na pesquisa linguística, visando à construção de uma linguagem literária baseada na fala brasileira, anulados os limites regionais. Início, na prática, da "desgeograficação" na poesia de *Clã do jabuti*, na voz do narrador em *Amar, verbo intransitivo* e nos contos de *Belazarte*.
Entusiasma-se com a Coluna Prestes.
Apaixona-se platonicamente por Carolina da Silva Telles, inspiradora dos poemas de "Tempo da Maria" e da figura da Uiara no *Macunaíma*.

1925   Publica *A escrava que não é Isaura*, poética modernista.
Um dos convidados para o primeiro balanço da renovação artística, o "Mês Modernista" do jornal *A Noite* (Rio de Janeiro, 14 dez. 1925-12 jan. 1926).

1926   Intensifica a coleta de dados brasileiros, reunindo notas para elaboração de *Macunaíma*.
Redação de *Macunaíma* durante as férias na "chacra" de Tio Pio, isto é, na Chácara da Sapucaia, em Araraquara. Primeira versão, entre 16 e 23 de dezembro; a segunda, entre a última data e 13 de janeiro.
Publicação de *Losango cáqui*, poesia e *Primeiro andar*, contos.
Colabora na *Revista do Brasil* e em *Terra Roxa e outras Terras*; torna-se crítico do jornal carioca *A Manhã*, suplemento de São Paulo.

1927   Novas redações de *Macunaíma*; a refusão prolonga-se até as vésperas da publicação, no ano seguinte.
Primeira viagem do turista aprendiz, ao Norte, entre maio e agosto, percorrendo grande parte da Amazônia, chegando a Iquitos, no Peru, e à fronteira da Bolívia. Escreve *O turista aprendiz*, mas não o publica em vida (edição póstuma em 1977).
Na viagem começa a escrever a narrativa: *Balança, Trombeta e Battleship ou o descobrimento da alma*, que permanecerá inédita até 1994.
Entra como crítico de arte para o *Diário Nacional*, São Paulo, órgão do Partido Democrático, a que se filia. Nesse jornal deixa mais de mil textos: críticas de arte, literatura e música, crônicas, poemas, contos, entre agosto de 1927 e setembro de 1932, quando o jornal é fechado, após a derrota da Revolução Constitucionalista.
Publicação de *Amar, verbo intransitivo*, idílio; e *Clã do jabuti*, poesia. O autor paga os custos dos livros e projeta as capas, instituindo padrão que será respeitado, em linhas gerais, pelas edições da Livraria Martins, na década de 1940: fundo branco, letras pretas e vermelhas.

1928 Prossegue o trabalho na rapsódia *Macunaíma*. Paga, com suas economias, a impressão da obra na gráfica de Eugênio Cúpulo, oitocentos exemplares ao preço de 7 mil-réis.
Redação do libreto de *Pedro Malazarte*, ópera cômica.
Entre dezembro de 1928 e março de 1929, viagem ao Nordeste destinada a recolher dados sobre a música, o folclore e a cultura popular da região. Envia para o *Diário Nacional* as crônicas "O turista aprendiz".
Publica o *Ensaio sobre a música brasileira*.

1929 Assina, como cronista, a coluna "Táxi" no *Diário Nacional*.
Planeja, com o material nordestino e o da viagem de 1927, a obra de fôlego *Na pancada do ganzá*, que ficará inédita. Os livros que a compõem (*Danças dramáticas do Brasil*, *Música de feitiçaria no Brasil*, *Melodias do boi e outras peças* e *Os cocos*) receberam publicação póstuma graças ao trabalho de Oneida Alvarenga.
Inicia pesquisa para o *Dicionário musical brasileiro*, obra que não conclui, edição póstuma em 1989, trabalho de Oneida Alvarenga e Flávia Toni.
Publica o *Compêndio de história da música*.
Escreve os "Poemas da negra" e os "Poemas da amiga", pontos altos em sua lírica.
Inicia o romance *O café*, que ficará inacabado.
Rompimento da amizade com Oswald de Andrade.

1930 Publica *Modinhas imperiais*, crítica e antologia, e *Remate de males*.
Lasar Segall retrata *Mário na rede* (escrevendo *Macunaíma*), gravura.
Mário de Andrade apoia a Revolução de 1930, que, vencedora, liberta seu irmão Carlos, preso pelo PRP.

1932   Apoia a Revolução Constitucionalista.

1933   Torna-se crítico do *Diário de S. Paulo* (até 1935).
Completa quarenta anos e adoece com nefrite. As doenças de Mário de Andrade, numerosas e repetidas, como bem nos mostra Carlos Drummond de Andrade em *A lição do amigo*, multiplicam-se a partir desse ano, ligadas que estão a seu estado depressivo. A crise se instala, mais branda ou profunda, prolongando-se até a morte, em 1945.
Conferência na Escola Nacional de Música sobre "Música de feitiçaria no Brasil".

1934   Publicação de *Belazarte*, contos, e *Música, doce música*, crítica.
Fábio Prado, prefeito de São Paulo, convida Mário de Andrade para participar do Departamento de Cultura.

1935   Nomeado simultaneamente chefe da divisão de Expansão Cultural e diretor do Departamento de Cultura da Municipalidade. Busca democratizar a cultura.
Inaugura a Discoteca Pública, convidando a discípula Oneida Alvarenga para dirigi-la.
Cria os parques infantis e projeta casas de cultura.
Publica *O Aleijadinho* e *Álvares de Azevedo*, ensaios.
Candido Portinari retrata Mário de Andrade.

1936   Prepara a segunda edição de *Macunaíma*; reúne suas notas de pesquisa para acréscimos e refunde o texto no "exemplar-de-trabalho".
Publica *A Música e a canção populares no Brasil*, ensaio crítico-bibliográfico e *Cultura musical*, discurso de paraninfo no Conservatório.
No Departamento de Cultura, promove concursos sobre

assuntos variados como: mobília proletária, suíte para banda, peça sinfônica e quarteto de cordas, leitura educativa.

Elabora o anteprojeto do SPHAN e inicia correspondência com Rodrigo Mello Franco de Andrade.

No Departamento de Cultura, Mário contrata Dina Lévi-Strauss (nascida Dreyfus) para ministrar curso de etnografia. Funda, com ela, a Sociedade de Etnografia e Folclore, tornando-se o primeiro presidente. Realiza, ali, conferência sobre o sequestro da dona ausente, cujo resumo publica, no ano seguinte, no nº 4 do *Boletim* da Sociedade.

1937 Segunda edição de *Macunaíma* pela Livraria José Olímpio Editora, do Rio de Janeiro; direitos autorais recebidos: 700 mil-réis.

Promove, pelo Departamento de Cultura, o I Congresso da Língua Nacional Cantada, no qual apresenta o trabalho *Normas para a pronúncia da língua nacional no canto erudito*, publicado assim como os *Anais* do encontro.

Publica *O samba rural paulista*, folclore.

Posiciona-se contra o Estado Novo.

Criação do SPHAN com Rodrigo de Mello Franco Andrade.

1938 Na impossibilidade de acumular cargos, desliga-se do Conservatório.

Contratado como assistente técnico do SPHAN para a região de São Paulo e Mato Grosso.

Deixa a direção do Departamento de Cultura.

Muda-se para o Rio de Janeiro. Em julho, assume a diretoria do Instituto de Artes da Universidade do Distrito Federal, no Rio, onde ministra o curso de filosofia e história da arte.

A saída do Departamento de Cultura e a frustração de ver um trabalho cortado, assim como a mudança para o Rio, lançam Mário em dura crise: isola-se, entrega-se à bebida periodicamente, desgasta a saúde. Torna-se cliente de Pedro Nava, médico e escritor.

1939 Escreve para *O Estado de S. Paulo* e faz crítica de livros no *Diário de Notícias*, do Rio; neste, sua seção "Vida Literária" contará, até 1940, com rica produção, de onde Mário selecionará artigos para o *Empalhador de passarinho*.
Elabora projeto para a Enciclopédia brasileira.
Consultor técnico do INL, onde elabora projeto para uma enciclopédia brasileira.
Participa da programação cultural do Ministério Capanema.
Publica *Namoros com a medicina*, estudos sobre folclore, os ensaios *Candido Portinari* e *A expressão musical nos Estados Unidos*.
Frequenta grupo de jovens escritores: Murilo Miranda, Carlos Lacerda e Moacir Werneck de Castro, da *Revista Acadêmica*.
Inicia a redação de *Quatro pessoas*, romance que ficará interrompido; publicação póstuma em 1985.

1941 Regressa a São Paulo, à casa da rua Lopes Chaves e ao cargo de professor no Conservatório.
Trabalhando no SPHAN, inicia a pesquisa sobre o pintor e padre Jesuíno do Monte Carmelo.
Colabora na revista *Clima*, em São Paulo.
Publica *A Nau Catarineta; Música do Brasil, história e folclore*.
Com o volume *Poesias*, inicia sua ligação com a Livraria Martins Editora.

1942 Reassume o cargo de Catedrático no Conservatório com a aula inaugural "A atualidade de Chopin".
Publicação de *Pequena História da Música* e da tradução, na Argentina, de *A expressão musical dos Estados Unidos*, crítica.
Sócio-fundador da Sociedade dos Escritores Brasileiros; sócio-correspondente da Sociedade de Etnologia e Antropologia.
Colaborador do *Diário de S. Paulo*, de *O Estado de S. Paulo* e da *Folha de S.Paulo*.

1943 Héctor Bernabó (Carybé) e Raúl Brié concluem, na Argentina, a tradução de *Macunaíma* para o espanhol; ilustração: águas-fortes de Carybé. Mário aprova os originais no ano seguinte.
Escreve os poemas de *O carro da miséria*.
Inicia a publicação das *Obras completas*, *Aspectos da literatura brasileira*, *Os filhos da Candinha*, *O baile das quatro artes* e *Obra imatura*, esta reunindo *Há uma gota de sangue em cada poema*, contos selecionados de *Primeiro andar* e *A escrava que não é Isaura*.

1944 Escreve *Lira paulistana*, livro de poesia, em que consta o poema "Quando eu morrer":

Quando eu morrer quero ficar,
Não contem aos meus inimigos,
Sepultado em minha cidade,
Saudade.
Meus pés enterrem na rua Aurora,
No Paiçandu deixem meu sexo,
Na Lopes Chaves a cabeça
Esqueçam.

> *No Pátio do Colégio afundem*
> *O meu coração paulistano:*
> *Um coração vivo e um defunto*
> *Bem juntos.*
> *Escondam no Correio o ouvido*
> *Direito, o esquerdo nos Telégrafos,*
> *Quero saber da vida alheia,*
> *Sereia.*
>
> *O nariz guardem nos rosais,*
>   *A língua no alto do Ipiranga*
> *Para cantar a liberdade.*
> *Saudade...*
>
> *Os olhos lá no Jaraguá*
> *Assistirão ao que há-de vir,*
> *O joelho na Universidade,*
> *Saudade...*
>
> *As mãos atirem por aí,*
> *Que desvivam como viveram,*
> *As tripas atirem pro Diabo,*
> *Que o espírito será de Deus.*
> *Adeus.*

Mário recusa proposta de Murilo Miranda para uma edição de luxo para *Macunaíma* e o publica pela Livraria Martins, nas *Obras completas*.
Escreve *Lira paulistana*, poesia.
Inicia a redação do poema "Meditação sobre o Tietê", que termina às vésperas da morte.
Compra o sítio Santo Antônio, em São Roque, construção

bandeirista do século XVII, com o propósito de torná-lo recesso para artistas.

1945 Participa do I Congresso Brasileiro de Escritores (São Paulo, 22-26 jan.).
Em 25 de fevereiro, morre de infarto do miocárdio em sua casa, em São Paulo. É enterrado no Cemitério da Consolação.
Sai *Lira paulistana*.

SUGESTÕES DE ATIVIDADES

Cartaz do filme *Macunaíma*, de 1969

1. Mário de Andrade escreveu muitos poemas sobre a cidade de São Paulo, mas também sobre o Rio de Janeiro e Belo Horizonte. Pesquise na obra poética do autor referências a essas cidades e as compare com o que vê e sente hoje nelas. Se você não vive em nenhuma dessas cidades, poderá comparar os poemas com imagens ou notícias veiculadas pela imprensa e pela internet. Você também poderá ler esses poemas e simplesmente imaginar as cidades e os lugares neles reconstruídos.

2. Se você vive nas cidades da região Norte ou Nordeste, pesquise as referências do livro *O turista aprendiz* e compare-as com suas próprias referências. O exercício também pode ser feito por meio de jornais da região ou da internet.

3. Se você vive na cidade de São Paulo ou vai visitá-la, não deixe de conhecer o IEB-USP, na Cidade Universitária, onde estão os acervos e as coleções de Mário de Andrade, e a casa onde ele viveu a maior parte da vida, na rua Lopes Chaves, 546,

na Barra Funda. Visite também a página do IEB, <www.ieb.usp.br>; nela você poderá conhecer mais sobre o autor e ter acesso a parte de seu acervo.

4. Se você vive na cidade do Rio de Janeiro ou vai visitá-la, não deixe de conhecer o Palácio Capanema, que foi a sede do Ministério da Educação e Cultura no tempo em que Mário de Andrade viveu no Rio de Janeiro e cujo papel na definição da cultura brasileira é dos mais relevantes. Uma visita ao Museu do Folclore Edson Carneiro nessa cidade também é imperdível.

5. Pesquise na obra de Mário de Andrade referências à cultura popular e ao povo brasileiro. Compare-as com as referências que você tem no seu dia a dia.

6. Pesquise na obra de Mário de Andrade seu empenho para aproximar a língua escrita da falada. Faça você mesmo esse exercício, identificando os modos como você e as pessoas à sua volta falam e o quanto esses modos de falar ainda estão distantes da língua considerada culta.

7. Ouça as músicas dos compositores eruditos brasileiros, como Heitor Villa-Lobos, Camargo Guarnieri, Lorenzo Fernandes e Guerra-Peixe, que, como propunha Mário de Andrade, souberam aprender e se valer de recursos populares. Dê preferência a apresentações e concertos ao vivo.

8. Quantas manifestações populares do folclore brasileiro você conhece? Não deixe de ir a uma festa, a uma apresentação de dança ou música e anotar o que você vê e escuta nelas, como um etnógrafo.

9. Faça anotações durante suas viagens registrando suas impressões dos locais visitados e das conversas com as pessoas que visitar, como Mário de Andrade fez em *O turista aprendiz*.

10. Procure visitar museus e exposições de artes erudita e popular brasileira e pesquisar livros e páginas na internet que também exponham as obras de artistas modernistas, como Tarsila do Amaral, Candido Portinari, Anita Malfatti, Alberto da Veiga Guignard e muitos outros. Não deixe de visitar a página do Projeto Portinari, <www.portinari.org.br>.

11. Procure visitar uma cidade histórica, como as de Minas Gerais; há várias páginas na internet que apresentam cidades históricas por todo o Brasil. Visite também prédios ou parques tombados pelo IPHAN, certamente em sua cidade ou perto dela há um bem tombado, procure conhecer a história dele e de seu reconhecimento como patrimônio histórico. Visite também a página do IPHAN, <www.iphan.gov.br>.

12. Assista ao filme *Macunaíma*, de Joaquim Pedro de Andrade.

13. Assista à minissérie *Um só coração*, produzida pela Rede Globo de Televisão, dirigida por Marcelo Travesso, Ulysses Cruz e Gustavo Fernandes, com roteiro de Maria Adelaide Amaral e Alcides Nogueira. Nela há várias personagens modernistas, inclusive Mário de Andrade.

14. Procure ouvir o samba-enredo "Macunaíma", do Grêmio Recreativo Escola de Samba Portela do carnaval de 1975, de autoria de David Corrêa e Norival Reis.

15. Procure outras referências a Mário de Andrade e ao modernismo brasileiro em diferentes manifestações culturais.

16. Em sua opinião, no que ainda é possível "abrasileirar o Brasil", e por quê?

17. Em sua opinião, no que ainda é possível aproximar o "erudito" do "popular", e por quê?

AGRADECIMENTOS

Gostaria de agradecer aos colegas e amigos que leram e comentaram o manuscrito ou partes dele: Antonio Brasil Jr., Antonio Dimas, Bernardo Ricupero, Elide Rugai Bastos, Lilia Moritz Schwarcz, Lúcia Garcia, Nísia Trindade Lima, Paulo Maciel, Ricardo Benzaquen e Santuza Cambraia Naves *(in memoriam)*. A Júlia Moritz Schwarcz e sua equipe agradeço o trabalho competente e cuidadoso com o texto.

CRÉDITOS DAS IMAGENS

pp. 6 e 68: Arquivo Público do Estado de São Paulo – APESP

pp. 7 (acima), 14, 22, 28, 38, 48, 50, 52, 54, 58, 60, 62, 78, 82, 93, 97, 102, 105 e 108: Coleção Mário de Andrade. Arquivo fotográfico do Acervo do Instituto de Estudos Brasileiros – USP

pp. 7 (abaixo), 19, 22, 57 e 114: Biblioteca do Instituto de Estudos Brasileiros – USP

p. 8: *Retrato de Mário de Andrade* por Tarsila do Amaral, pastel sobre papel, 47,7 x 36 cm, 1922. Coleção Mário de Andrade. Coleção de Artes Visuais do Instituto de Estudos Brasileiros – USP. Reprodução de Romulo Fialdini

p. 12: *Retrato de Oswald de Andrade*, Tarsila do Amaral, óleo sobre tela, 1922. Reprodução de Romulo Fialdini

p. 17: *Macunaíma desce por este mundo afora*, Cícero Dias, lápis de cor e nanquim sobre papel, 14,4 x 09,3 cm, s/d. Coleção Mário de Andrade. Coleção de Artes Visuais do Instituto de Estudos Brasileiros – USP

p. 19: DR/ Di Cavalcanti

p. 25: Biblioteca Brasiliana Guita e José Mindlin

p. 30 (à esquerda): *Exu sete caminhos*, artista não identificado, ferro, 41,8 x 35,5 x 18 cm, s/d. Coleção Mário de Andrade. Coleção de Artes Visuais do Instituto de Estudos Brasileiros – USP

p. 30 (à direita): *Cabeça masculina (Ex-voto)*, artista não identificado, ferro, 41,8 x 35,5 x 18 cm, s/d. Coleção Mário de Andrade. Coleção de Artes Visuais do Instituto de Estudos Brasileiros – USP

p. 34: *Cristo na coluna* (tronco), artista não identificado, madeira policromada. Coleção Mário de Andrade. Coleção de Artes Visuais do Instituto de Estudos Brasileiros – USP

p. 35: Igreja do Carmo em São João del-Rei, Mário de Andrade, 1924

p. 37: *Retrato de Mário de Andrade*, Lasar Segall, pintura a óleo sobre tela, 72 x 60 cm. Coleção de Artes Visuais do Instituto de Estudos Brasileiros – USP. Lasar Segall, 1891 Vilna – 1957 São Paulo

p. 41: *Grupo dos cinco*, Anita Malfatti, tinta de caneta e lápis de cor sobre papel, 26,5 x 36,5 cm, 1922. Coleção Mário de Andrade. Coleção de Artes Visuais do Instituto de Estudos Brasileiros – USP

p. 43: DR/ Di Cavalcanti

p. 49: Getty Images

p. 73: Acervo da Fundação Casa de Rui Barbosa/ Arquivo Museu de Literatura Brasileira. Fundo Carlos Drummond de Andrade. Reprodução de Ailton Alexandre da Silva

p. 76: *Retrato de Mário de Andrade*, Candido Portinari. Fotografia do Acervo Projeto Portinari. Reprodução autorizada por João Candido Portinari

p. 79: *Boi zebu*. Artista não identificado, cerâmica cozida policromada, *c.* 1927. Coleção Mário de Andrade. Coleção de Artes Visuais do Instituto de Estudos Brasileiros – USP

p. 87: *Mário na rede*, Lasar Segall, ponta-seca, 25,5 x 32cm, 1929. Acervo do Museu Lasar Segall-IBRAM/MinC. Lasar Segall, 1891 Vilna – 1957 São Paulo

p. 88: *Paisagem de Araraquara*, Mário de Andrade, lápis sobre papel, 10,5 x 16,6 cm, 1943. Coleção Mário de Andrade. Coleção de Artes Visuais do Instituto de Estudos Brasileiros – USP

p. 91: *O mamoeiro*, Tarsila do Amaral, óleo sobre tela, 65 x 70 cm,

1925. Coleção Mário de Andrade. Coleção de Artes Visuais do Instituto de Estudos Brasileiros – USP

p. 113: *Mário na Pauliceia* (cardápio), Anita Malfatti, nanquim e guache sobre papel, 09,7 x 07,9 cm, s/d. Coleção Mário de Andrade. Coleção de Artes Visuais do Instituto de Estudos Brasileiros – USP

p. 133: DR/ Filmes do Serro LTDA/ Cinemateca Brasileira

Todos os esforços foram feitos para determinar a origem das imagens deste livro. Nem sempre isso foi possível. Teremos prazer em creditar as fontes, caso se manifestem.

SOBRE O AUTOR

André Pereira Botelho nasceu em Petrópolis, RJ. Doutorou-se em 2002 em ciências sociais na Unicamp com tese sobre o modernismo brasileiro e a obra de Ronald de Carvalho. É professor do Departamento de Sociologia e do Programa de Pós-graduação em Sociologia e Antropologia do IFCS-UFRJ e pesquisador do CNPq e da Faperj, atuando na área de pesquisa "Pensamento social brasileiro". Tem várias publicações, entre as quais: *Aprendizado do Brasil. A nação em busca dos seus portadores sociais* (Editora da Unicamp, 2002), *O Brasil e os dias. Estado-nação, modernismo e rotina intelectual* (Edusc), *Um enigma chamado Brasil: 29 intérpretes e um país* (2009) e *Agenda Brasileira: temas de uma sociedade em mudança* (2011), estes dois últimos organizados com Lilia Moritz Schwarcz para a Companhia das Letras.

*Esta obra foi composta por acomte em
LeMondeLivre e impressa pela Gráfica Bartira em ofsete
sobre papel Pólen Bold da Suzano Papel e Celulose para a
Editora Claro Enigma em setembro de 2012.*